AF214954

Sprachwandel und Sprachvarietäten:

Tendenzen der deutschen Gegenwartssprache

Herausgegeben von
Dietrich Erlach und Bernd Schurf

Erarbeitet von
Gerd Brenner und Angela Mielke

Inhalt

A Deutsch heute

1 Deutsch als Gegenwartssprache – Beobachtungen

1.1 Schlaglichter – Sprache im Alltag

Arbeitsanregungen

1. Was amüsiert Sie beim Lesen dieser Beispiele für den Gebrauch der deutschen Sprache?
2. a) Führen Sie eine Exkursion in die nähere Umgebung durch und sammeln Sie weitere derartige Beispiele für eigenwilligen, missverständlichen oder falschen Sprachgebrauch. Ergänzen Sie ggf. Beispiele, die Ihnen bei Reisen im Ausland aufgefallen sind.
   b) Gruppieren Sie die gesammelten Beispiele auf einer Wandzeitung. Formulieren Sie Überschriften für unterschiedliche Kategorien und kommentieren Sie die Zitate, wenn möglich, in unterhaltsamer Weise.

CallBike finden.
Wo ist ein Rad am Start?

Arbeitsanregungen

1. a) Um Kunden auf ihre Dienstleistungen aufmerksam zu machen, verwendet die Deutsche Bahn viele englischsprachige Bezeichnungen. Stellen Sie einige weitere zusammen.
   b) Erörtern Sie: Was spricht für, was gegen Anglizismen in der Ansprache von deutschsprachigen Kunden?

„ Der Geist einer Sprache offenbart sich am deutlichsten in ihren unübersetzten Worten. "

(Marie von Ebner-Eschenbach)

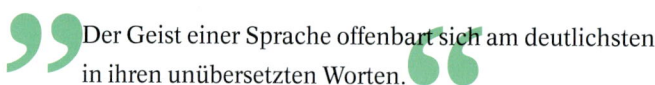

Pumpernickel   Lebensgefährte   Weltanschauung

Schadenfreude   Gemütlichkeit   Heimat   Querdenker

Arbeitsanregungen

1. a) Schlagen Sie in mehreren fremdsprachigen Wörterbüchern nach und überprüfen Sie, ob die oben aufgeführten Wörter sich mit einem Begriff in die Fremdsprache übertragen lassen, der den Inhalt präzise wiedergibt.
   b) Lässt sich das Wort in der Fremdsprache umschreiben? Notieren Sie ggf., auf welche Weise.
2. a) Kennen Sie deutsche Wörter, die nicht zu übersetzen sind? Notieren Sie sie.
   b) Recherchieren Sie im Internet und ergänzen Sie weitere unübersetzbare Wörter.
3. Diskutieren Sie: Was macht Ihrer Meinung nach die Eigenständigkeit einer Sprache aus?
4. Sprachen sind immer in Kontakt miteinander und aufnahmefähig für Einflüsse anderer Sprachen. Benennen Sie Vorteile solcher Einflüsse.

1.2 „Wortstoffhof" – Wortgebrauch unter Beobachtung

Axel Hacke
Wortstoffhof (Vorwort, 2008)

Kaum ein Land dürfte es auf der Welt geben, in dem der Wiederverwertungsgedanke ausgeprägter wäre als in unserem lieben Deutschland. Jede Gemeinde hat ihren Wertstoffhof, auf dem man von leeren Flaschen bis zu alten Lampen einfach alles abgeben kann; nahezu jedes Haus hat mindestens eine Altpapier-, eine Bio- und eine Restmülltonne; fast jede Wohnung hat ihr Schächtelchen für alte Batterien, ihren Korb für leere Flaschen, ihr Eimerchen für leer geleckte Joghurtbecher.

Dieser Idee folgend (dass also fast kein Müll einfach nur Müll ist, sondern immer Rohstoff), habe ich einmal vor vielen Jahren beschlossen, in meinem Büro auch ein Eckchen für Sprachabfall einzurichten: gesprochenes und geschriebenes Zeug, das ich nicht mehr benötigte, leere Floskeln, hohle Sprüche, zu oft verwendete Wörter, verbrauchte Sätze, so etwas. Man findet das ja überall, in den Zeitungen wie im Fernsehen, selbst wenn die Ehepartnerin spricht oder die eigenen Kinder oder man selbst. […]

[…] in der Sprache gibt es eigentlich keinen Müll. Aus fast allem kann man noch etwas machen, und genau das soll mit diesem Buch hier bewiesen werden. Auch Leser sammelten also jetzt anderswo nicht mehr brauchbare Wörter, Wortfetzen, Sätze, Satzteile und Satzzeichen. Sie schickten und schicken mir auf wunderbarste Weise schlecht übersetzte Speisekarten, rätselhafte Schildtexte, kryptische Gebrauchsanweisungen, falsch getrennte Wörter, vollkommen unkapierbare Tourismus-Prospekte. Nichts von dem erklärt uns etwas oder ist irgendwie verständlich, es ist alles unnütz und doch, und doch … Der Behalter in uns sagt: Man könnte es vielleicht noch mal gebrauchen. Man soll Wörter nicht gering achten. Man soll sie nicht wegwerfen. Man kann sie vielleicht wieder verwenden, und wenn es nur zum Spaß ist. Zum Basteln. […]

Arbeitsanregungen

1. Erläutern Sie mit eigenen Worten das (sprachliche) Bild vom „Wortstoffhof".
2. Was können Sie zu Axel Hackes Wortstoffhof beisteuern?
   a) Legen Sie über einige Tage eine Sammlung von Sprachbeobachtungen auf Zetteln an. Achten Sie dazu auf den Sprachgebrauch in Gesprächen in Schule und Freizeit sowie in verschiedenen Medien (Fernsehen, Radio, Zeitung etc.), sehen Sie aber z.B. auch einmal Ihre eigenen schulischen und privaten Textprodukte kritisch durch.
   b) Stellen Sie in Kleingruppen Ihre Sammelergebnisse vor und kommentieren Sie diese. Lassen sich bestimmte Kategorien bilden?

Information

Der Wortschatz der deutschen Sprache nimmt stetig zu: Im Jahr 1929 enthielt die 10. Auflage des DUDEN, Band 1: Die deutsche Rechtschreibung noch weniger als 70 000 Stichwörter. Die 15. Auflage von 1961 verzeichnete bereits mehr als 80 000 Wörter. Die 25. Auflage aus dem Jahr 2009 enthält knapp 140 000 Wörter.

Alle zwei Wochen stirbt eine Sprache aus

BONN (epd) Von den heute 6000 weltweit gesprochenen Sprachen sei die Hälfte vom Aussterben bedroht, teilte die UNESCO in Bonn anlässlich des Internationalen Tags der Muttersprache am 21. Februar mit. Nach Einschätzung der Deutschen UNESCO-Kommission stirbt alle zwei Wochen eine Sprache aus. In Deutschland seien derzeit 13 Sprachen gefährdet. Zu den am stärksten bedrohten Sprachen zählen Nordfriesisch und Saterfriesisch, aber auch Bairisch, Sorbisch und Jiddisch. Die Gründe für das Aussterben von Sprachen seien Kriege und Vertreibungen, Migration und Vermischung der Sprachen. Mit dem Verschwinden einer Sprache gehe ein kulturelles Erbe von Gedichten, Legenden, Sprichwörtern und Scherzen verloren, hieß es.

Rheinische Post, 19. 2. 2010

(Fast) Ausgestorbene deutsche Wörter	
bossen	schlagen, stoßen (vgl. Amboss)
freien	nach traditionellen Regeln um eine Frau werben
Hagestolz	Single, alleinstehender Mann
Kleinod	Kostbarkeit, Schmuckstück
Bandsalat	ein in der Mechanik eines Kassettenrekorders verheddertes Magnetband
Behuf	Zweck
Mittelläufer	Fußball: Spieler, der den gegnerischen Mittelstürmer ausschalten soll (auch: Vorstopper/Libero)

Arbeitsanregungen

1. Recherchieren Sie, welche Sprachen aktuell vom Aussterben bedroht sind. Nutzen Sie insbesondere Informationen der UNESCO.
2. Betrachten Sie die Tabelle. Stellen Sie Vermutungen an, warum diese Wörter nicht mehr verwendet werden.
3. Stellen Sie eine Liste weiterer Wörter zusammen, die vom Aussterben bedroht sind oder bereits nicht mehr verwendet werden. Recherchieren Sie dazu im Internet unter *www.bedrohte-woerter.de* oder in einer Bibliothek in: *Deutsches Wörterbuch von Jacob und Wilhelm Grimm* (Bände 1–33).
4. Informieren Sie sich über Wortpatenschaften: *www.wortpatenschaft.de*. Kommentieren Sie dieses Projekt.

Axel Hacke

Wort-„Schätze" und Entbehrliches

Dialoge
Dieses Angebot hier könnte den Wortstoffhof entlasten, findet Leser M. aus München. Er entdeckte es seltsamerweise in seiner Autowerkstatt, wo über der Halle auf einem großen Schild stand: „Dialogannahme". So etwas wird seit einer Weile von fast jedem Autohaus angeboten (wovon man sich im Internet mühelos überzeugen kann), und man sollte nicht lange grübeln, warum ausgerechnet Kfz-Mechaniker Dialoge annehmen, sondern einfach seine alten, nicht mehr benötigten Dialoge dort vorbeibringen. Weiß der Himmel, was sie damit tun, vielleicht werden sie in Radios eingebaut oder in Navigationssysteme.

Schluckrohr

Das Wort „Speiseröhre" hat mir, unter uns gesagt, noch nie gefallen, weil es die Sache nicht richtig trifft, es müsste ja dann, analog, auch noch eine „Getränkeröhre" geben. Gibt es aber nicht. Und wer beschreibt nun mein Erstaunen, dass ausgerechnet an einem Tag, an dem das Wort „Speiseröhre" mir besonders wenig gefiel, Herr M. Folgendes schrieb: Seine Frau sei Ärztin, stamme indes aus Brünn. Sie spreche perfekt Deutsch, konstruiere jedoch manchmal Wörter ... also, einfach wunderbar: Sein persönliches Lieblingswort sei „Schluckrohr" anstelle von „Speiseröhre" oder „Ösophagus".

Ist schon eine Weile her, dass M. mir schrieb. „Speiseröhre" habe ich seitdem nie mehr gesagt.

Arbeitsanregungen

1. Wie ist der Begriff „Dialogannahme" in einer Autowerkstatt zu verstehen? Erläutern Sie, worin die Missverständlichkeit des Wortes begründet liegt.
2. „Schluckrohr" statt „Speiseröhre": Führen Sie im Kurs eine Punktabfrage zu der Frage durch, welchen Begriff Sie bevorzugen würden. Diskutieren Sie das Ergebnis.

Plopp, blubb, sprott ...

von Max Fellmann

[...] Wie nennt man zum Beispiel dieses Geräusch, das alte Kaffeemaschinen machen, nachdem der Kaffee längst durchgelaufen ist, dieses Röcheln/Knacken/Scheppern/Blubbern?

Oder die hilflose Bewegung, mit der man sich beim Aussteigen aus einem Auto raus- und hochwuchtet, dessen Sitze viel zu tief sind? Und, apropos Auto, wie soll man diese ganz besondere Form der Nervosität nennen, die sich einstellt, wenn man aus größerer Entfernung auf eine grüne Ampel zufährt und ständig damit rechnet, sie könnte genau dann auf Rot schalten, wenn man nicht mehr bremsen kann?

Und von den Klassikern haben wir jetzt noch nicht mal geredet: Seit Ewigkeiten wird diskutiert, was man ist, wenn man nichts mehr trinken will (nicht satt, sondern ...?). Oder die alte Frage des Autors Max Goldt, was eigentlich ein Handtuch macht, das zu Boden fällt, man könne das ja nicht einen Aufprall nennen – was aber dann? [...]

Süddeutsche Zeitung Magazin, 24.7.2009

Arbeitsanregungen

1. Konstruieren Sie in kleinen Gruppen Wörter für die von Max Fellmann aufgewiesenen „Mangelerscheinungen" in der deutschen Sprache. Vergleichen Sie Ihre Wortschöpfungen und entscheiden Sie sich jeweils für einen Vorschlag.
2. a) Informieren Sie sich in einer Buchhandlung über aktuelle Bücher zum Thema Sprache und Sprachgebrauch, wie z.B.

   Axel Hacke: Wortstoffhof. Antje Kunstmann, München 2008
   Bastian Sick: Happy Aua. Ein Bilderbuch aus dem Irrgarten der deutschen Sprache. KiWi, Köln 2007

   b) Tauschen Sie sich über die Ergebnisse Ihrer Vor-Ort-Recherche im Klassenplenum aus.
   Diskutieren Sie: Wie erklären Sie sich, dass solche Bücher sich beim Lesepublikum großer Beliebtheit erfreuen?
   Welches Buch würde Sie selbst am ehesten interessieren? Wenn Sie in einem solchen Buch geblättert oder gelesen haben: Berichten Sie im Kurs von Ihren Leseerfahrungen.

2 Sprachgebrauchsweisen – Erfahrungen

2.1 „… eine Art Reinheitsgebot"
Ein Gespräch über unsere Sprache

Aus Liebe zum Wort

„Wir feilen stundenlang": der Dichter Michael Lentz und der Rapper Jan Delay über den ständigen Wandel unserer Sprache und die gesellschaftliche Bedeutung klarer Sätze

Das Interview führten
Andreas Bernard und Tobias Haberl

Jan Delay, 32, heißt eigentlich Jan Philip Eißfeldt und ist einer der erfolgreichsten deutschen Hip-Hopper und Funk-Musiker.

Michael Lentz, 45, ist Schriftsteller, Dichter und Lautpoet. Im Jahr 2001 gewann er den renommierten Bachmann-Preis, seit 2006 unterrichtet er Literarisches Schreiben am Literaturinstitut Leipzig.

SZ-MAGAZIN: *Wer hat gerade den größeren Einfluss auf die deutsche Sprache: die klassische Literatur oder die Hip-Hop-Kultur?*

LENTZ: Ganz klar die Popkultur. Die Literatur ist ein viel zu starres Medium. Sie ist zwischen zwei Buchdeckel gepresst, man ist allein, wenn man liest. Die Lesesituation ist asozial, da entsteht wenig gesellschaftliche Kraft. Dafür hat man als Schriftsteller den Vorteil, in einem angenehmen Sinne konservativ sein zu können. Das Schreiben muss nicht sofort umgemünzt werden in ein bestimmtes Verständnis von Gegenwart. [...]

DELAY: Das heißt aber auch, dass der direkte Einfluss der Popkultur auf die Gesellschaft viel größer ist. Das Sprachverständnis eines 14-Jährigen hat sich durch die Popkultur doch komplett gewandelt. [...]

SZ-MAGAZIN: *Ihre Zielgruppe, Jan Delay, ist eindeutig definiert: junge Menschen. Spüren Sie beim Schreiben Ihrer Liedtexte eine bestimmte Verantwortung?*

DELAY: Beim Schreiben nicht. Aber so lehrermäßig das jetzt auch klingen mag, ich spüre schon eine Verantwortung, wenn ich zwei Zwölfjährige auf der Straße miteinander sprechen höre, die in einer komplett artikelbefreiten Sprache miteinander reden, nur damit sie klingen wie die coolen Türken in ihrer Straße.

SZ-MAGAZIN: *„Gehen wir McDonald's ..."*

DELAY: Genau. Wenn ich selbst Kinder hätte, würde ich sagen: Zuerst lernt ihr bitte, wie man grammatikalisch richtig schreibt, und wenn ihr das draufhabt, dann könnt ihr reden, wie ihr wollt.

SZ-MAGAZIN: *Ganz schön konservativ.*

DELAY: Die Grundvoraussetzungen müssen eben stimmen. Ich will ja nicht, dass mein Sohn eines Tages zum Vorstellungsgespräch geht und sagt: „Digger, weißte, ich dachte, ich komm hier mal wegen Kohle vorbei und so."

LENTZ: Das Problematische daran ist, dass viele dieser Ausdrücke vollkommen automatisiert gebraucht werden. Da wird schnell jemand als „schwul" bezeichnet, ohne dass der Sprecher weiß, was das eigentlich heißt. Aber Sie sind noch auf ganz andere Art und Weise konservativ: Sie verwenden in Ihren Texten jede Menge sprachlicher Mittel, die es in der Literatur seit Jahrhunderten gibt: Alliterationen zum Beispiel, Anaphern, Assonanzen.

DELAY: Mit diesen Fremdwörtern kenne ich mich nicht aus, aber ich ahne, was Sie meinen. Wir Rapper sind auf Sprach- und Wortspiele aus. An guten Zeilen und interessanten Reimen feilen wir stundenlang.

SZ-MAGAZIN: *In der Lyrik wurde der Reim Ende des 19. Jahrhunderts auf einmal verdächtig. Er galt als altbacken und limitierend. Für den Hip-Hop gilt das gar nicht. Sie reimen „miese Schlampe" auf „Energiesparlampe" und „Pinienwälder" auf „Minenfelder".*

DELAY: Ich suche Reime, die noch niemand gehört hat, die unverbraucht sind.

SZ-MAGAZIN: *Wären Sie ohne das Reimschema nicht viel freier in Ihren Aussagen?*

DELAY: Vielleicht, aber so sind nun mal die Regeln. Man lässt ja beim Fußball auch nicht den Ball weg, damit man schneller laufen kann. [...]

SZ-MAGAZIN: *Die deutsche Sprache hat den Ruf, sperrig und ungelenk zu sein. Was für ein Verhältnis haben Sie zu ihr?*

LENTZ: Ich verspüre eine tiefe Liebe zu ihr. Leider hat mir diese Liebe den unbefangenen Zugang zu anderen Sprachen verstellt. Ich falle immer ganz schnell zurück ins Deutsche. Ich mag, dass die deutsche Sprache so viele Differenzierungsmöglichkeiten hat, das entspricht meiner Mentalität, Dinge genau zu benennen. Der Amerikaner sagt immer: „I am sad." Der Deutsche will es genau wissen: Ist er jetzt traurig oder deprimiert oder niedergeschlagen oder wehmütig oder sentimental? [...]

DELAY: Sperrig oder ungelenk, das war mir immer egal. Als ich 1991 mit dem Rappen anfing, wollten meine Kumpels, dass ich englisch singe. Das fand ich aber doof. Damals wie heute empfinde ich für die deutsche Sprache nichts als Liebe, in ihr fühle ich mich zu Hause, es ist die Sprache, die ich als Kleinkind gelernt habe. Klar kann ich so tun, als könnte ich Englisch, aber am Ende hab ich es halt doch nicht perfekt drauf. Ich denke nicht englisch, ich träume nicht englisch, ich spreche nicht zu englischen Menschen – warum sollte ich auf Englisch rappen?

LENTZ: Außerdem hat sich die deutsche Sprache in den letzten zwanzig Jahren entsperrt. Durch englische Begriffe, durch Mundart und Dialekte. Wir gehen viel freier mit diesen Dingen um, früher kam da immer gleich die Sprachpolizei.

DELAY: Genau das finde ich toll am deutschen Hip-Hop: dass er immer einen regionalen Bezug hat. Wenn jemand gut rappt, sollte man vom Dialekt und den Slang-Ausdrücken her nach zwei bis drei Zeilen wissen, wo er herkommt und wofür er steht. Ich sage „Digger", also bin ich aus Hamburg.

SZ-MAGAZIN: *In München sagen auch alle „Digger".*

DELAY: Die haben das von uns übernommen, das stimmt schon. Aber in München sagen sie zum Beispiel nicht „Alder", sondern „Oider". Und in Berlin sagen sie „Alter" oder „Dicker", so richtig berlinert mit Betonung auf dem t und dem ck.

SZ-MAGAZIN: *Sie verwenden auch englische Vokabeln wie „style" oder „fresh".*

DELAY: Warum nicht? In der Fernsehwerbung ist jedes dritte Wort ein Anglizismus. Und so was wie „style" lässt sich eben nicht mit „Stil" übersetzen, „style" meint mehr, Haltung eben. Ich texte, wie die Menschen auf der Straße sprechen. Das habe ich von Udo Lindenberg gelernt, er war der Erste, der das perfekt gemacht hat.

LENTZ: Deswegen können Sie auch Begriffe verwenden, die in meinen Gedichten nie vorkommen können: „Champions League", „Beats" oder „Ed Hardy".

SZ-MAGAZIN: *Aber niemand hindert Sie daran, solche Wörter auch in Ihre Gedichte zu packen.*

LENTZ: Doch, als Lyriker verspüre ich komischerweise eine Art Reinheitsgebot. Ich will die Sprache rein halten, ich versuche, einfache Worte zu finden, ein klares, reduziertes Deutsch. Aber verstehen Sie mich nicht falsch. Ich mache das so, andere Dichter und Schriftsteller machen es anders. Und an gute Hip-Hop-Texte habe ich den Anspruch, dass sie absolut disparate Dinge zusammenbringen, eben wie „Heroin" und „Töpperwien" bei Jan Delay. […]

SZ-MAGAZIN: *Wie stark haben die neuen Kommunikationsformate wie SMS oder E-Mails das Deutsche verändert?*

LENTZ: Es gibt ja längst SMS-Lyrik, und E-Mail-Romane sind in Arbeit. Muss man ausprobieren, aber meine Sache ist es nicht. Privat lasse ich mich von den 160 Zeichen nicht in die Knie zwingen, ich schreibe auch mit dem Telefon Romane und achte auf korrekte Zeichensetzung. Manchmal sehe ich beim Durchlesen einer SMS, dass ein Buchstabe aus Versehen kleingeschrieben ist Dann muss ich das korrigieren, ich kann einfach nicht anders.

DELAY: Bei mir ist es genau umgekehrt. Meine Sprache verkrüppelt zunehmend. Ich schreibe alles klein und Zeichen setze ich auch keine mehr.

LENTZ: Das kann zu den größten Missverständnissen führen.

DELAY: Glauben Sie mir, in den Kreisen, in denen ich SMS verschicke, nimmt mir das keiner übel.

Süddeutsche Zeitung Magazin, 24. 7. 2009

Arbeitsanregungen

1. An welchen Stellen des Gesprächs finden Sie sich selbst mit Ihrer Meinung zu Sprache oder Ihren Erfahrungen mit Sprache wieder?
2. In dem Gespräch werden viele verschiedene Aspekte des Themas „Sprache" berührt: Erstellen Sie eine Liste dieser Aspekte und ordnen Sie Textstellen zu.
3. Mit wem würden Sie gern ein ▶ Interview (Seite 10 f.) über sein Verhältnis zur deutschen Sprache führen?
   ● Wenn die Möglichkeit besteht: Verabreden Sie einen Gesprächstermin mit dieser Person. Bereiten Sie Interviewfragen vor und klären Sie, wie Sie das Gespräch dokumentieren können (z. B. auf einen Tonträger aufnehmen, jemanden zum Protokollieren mitnehmen).
   ● Wenn die Möglichkeit nicht besteht: Halten Sie in einem fiktiven Dialog fest, wie Sie sich ein solches Interview vorstellen.
   Suchen Sie nach einer geeigneten Möglichkeit zur Veröffentlichung Ihrer Interviews: als Ausstellung, in der Schülerzeitung, auf einer geeigneten Homepage o. Ä.

Methodenbaustein Sprachgebrauch erforschen

Ein Interview führen

Das Ziel ist, die Position einer Person oder Informationen zu einem bestimmten Thema zu erfragen. Um unterschiedliche Positionen kontrastiv gegenüberzustellen oder ein Thema aus unterschiedlichen Perspektiven zu beleuchten, können mehrere parallele Interviews mit vergleichbaren Interviewfragen geführt werden.

1. Phase: Festlegung von Ziel und Art des Interviews
Klären Sie, welche/r Interviewpartner/in für Ihre Fragestellung von Interesse ist.
Überlegen Sie, wie Sie die Antworten dokumentieren wollen (z. B. Ton-/Videoaufnahme, Mitschrift).

2. Phase: Terminvereinbarung
Bitten Sie um einen Gesprächstermin. Erklären Sie kurz Ihr Anliegen und stimmen Sie Ort, Zeit und vermutliche Dauer des Interviews ab.

3. Phase: Interview-Leitfaden

Formulieren Sie Ihre zentralen Fragen genau aus. Entscheiden Sie, ob Sie eher eng auf Ihr Thema zugeführte Fragen stellen wollen (z. B., wenn es um ganz konkrete Informationen geht), oder ob Sie eher offene Impulse geben wollen, die den/die Interviewte/n anregen, etwas freier und ausführlich zum Thema zu erzählen.

Ordnen Sie Ihre Fragen in einer Reihenfolge an, die einen lockeren Einstieg ermöglicht, dann einen möglichst schlüssigen Gesprächsverlauf vorstrukturiert und schließlich markiert, dass das Interview zu Ende geht.

4. Phase: Durchführung des Interviews

Seien Sie pünktlich und sorgen Sie für eine angenehme Gesprächsatmosphäre. Bleiben Sie offen und flexibel, ohne Ihren Interview-Leitfaden aus dem Blick zu verlieren. Dokumentieren Sie die Antworten. Danken Sie abschließend für die Gesprächsbereitschaft und erklären Sie noch einmal, was Sie mit dem Interview vorhaben.

5. Phase: Dokumentation, Auswertung und Präsentation der Ergebnisse

Sichten Sie die Ergebnisse des Interviews und verschriftlichen Sie sie in einer gut lesbaren Form. Legen Sie dem Interviewten den Text ggf. noch einmal vor und klären Sie Unstimmigkeiten. Präsentieren Sie das oder die Interview(s) oder Auszüge daraus in einer geeigneten Form.

Eine Umfrage durchführen

Durch eine Umfrage kann ein breiteres Meinungsbild ermittelt werden. Wichtig ist, dass die Aussagen der Befragten weder während der Umfrage noch bei der Auswertung oder Darstellung manipuliert werden.

1. Phase: Festlegung von Ziel und Art der Umfrage

Klären Sie Ihr Ziel. Entscheiden Sie, ob die Befragung mündlich oder durch einen Fragebogen erfolgt. Überlegen Sie, wie Sie mündliche Antworten dokumentieren (z. B. Ton-/Videoaufnahme, Mitschrift).

2. Phase: Festlegung der Zielgruppe, des Ortes und des Zeitpunktes/-raumes

Beispiel: Zielgruppe: Jugendliche unter 18 Jahren; Ort: Schulhof; Zeit: Montag, erste Pause

3. Phase: Umfrage-Leitfaden

Die Fragen müssen präzise und zielgerichtet sein, sonst kann man sie nicht auswerten. Sind die Fragen zu offen („Wie findest du Deutsch?") oder zu eng gefasst („Bist du nicht auch der Meinung, dass …?"), können dadurch die Umfrageergebnisse beeinflusst werden.

4. Phase: Durchführung der Umfrage

Klären Sie höflich das Einverständnis der Person zu Ihrer Befragung. Stellen Sie die vorbereiteten Fragen immer in der gleichen Weise, damit die Ergebnisse der Umfrage miteinander verglichen werden können.

5. Phase: Dokumentation, Auswertung und Präsentation der Ergebnisse

Sichten und ordnen Sie die Umfrageergebnisse. Erstellen Sie eine statistische Auswertung. Visualisierungen als Grafik oder Schaubild sind verständlich und wirkungsvoll. „Veröffentlichen" Sie die Ergebnisse, z. B. in einem Vortrag oder auf einer Wandzeitung.

2.2 Der Blick von außen – Deutsch als Fremdsprache

> Es gibt ganz gewiss keine andere Sprache, die so unordentlich und systemlos daherkommt und dermaßen jedem Zugriff entschlüpft. Aufs hilfloseste wird man in ihr hin und her geschwemmt, und wenn man glaubt, man habe endlich eine Regel zu fassen bekommen, die im tosenden Aufruhr der zehn Wortarten festen Boden zum Verschnaufen verspricht, blättert man um und liest: „Der Lernende merke sich die folgenden Ausnahmen." Man überfliegt die Liste und stellt fest, dass es mehr Ausnahmen als Beispiele für diese Regel gibt. Also springt man abermals über Bord, um nach einem neuen Ararat zu suchen, und was man findet, ist neuer Treibsand.

> Manche deutschen Wörter sind so lang, dass man sie nur aus der Ferne ganz sehen kann. Man betrachte die folgenden Beispiele:
>
> „Freundschaftsbezeigungen"
>
> „Dilettantenaufdringlichkeiten"
>
> „Stadtverordnetenversammlungen"
>
> Dies sind keine Wörter, es sind Umzüge sämtlicher Buchstaben des Alphabets.

> Die deutsche Sprache sollte sanft und ehrfurchtsvoll zu den
>
> toten Sprachen abgelegt werden,
>
> denn nur die Toten haben die Zeit, diese Sprache zu lernen.

(Zitate aus: Mark Twain, Die schreckliche deutsche Sprache.
In: Bummel durch Europa, 1880)

Carol Kloeppel

Dear Germany
Eine Amerikanerin in Deutschland

Die höchste Klippe, die es zu umschiffen gilt, ist die Aussprache. Mir war früh klar: Akzentfrei würde ich nie sprechen können. Aber dass ich die größten Probleme mit dem Wort „Brötchen" haben würde, hätte ich nicht gedacht. [5] Schon in meines Vaters Lehrbuch steht: „Ö has no similar sound in English" und empfiehlt, die Mundstellung für ein langes „O" einzunehmen, dann aber „E" zu sagen. Ähnlich schwer fällt es wohl den meisten Deut- [10] schen, wenn sie das englische „th" lernen müssen…

Es kostete mich viel Zeit, die deutsche Satzstellung zu verinnerlichen, denn in meiner Muttersprache taucht das Verb sehr früh in [15] einem Satz auf, im Deutschen dagegen wird es gerne am Satzende versteckt. Dafür ist die Zusammensetzung der Wörter einfacher: Weiß man, was „krank" bedeutet, dann lassen sich „Krankenhaus", „Krankenwagen" oder [20] „Krankenschwester" leicht ableiten – während dafür im Englischen drei völlig unterschiedliche Wörter (hospital, ambulance, nurse) existieren.

Nur scheinbare Nebensächlichkeiten sind die [25] Vorsilben. Einmal bat ich den Fahrer eines Möbeltransporters, meine Einfahrt freizumachen, ich müsste zum Arzt, meine Tochter sei „erstochen" worden. Der arme Mann war völlig aus dem Häuschen. Ich meinte natürlich: [30] von einer Biene „ge-stochen". […]

Vural Öger (67, Unternehmer, Türkei):
BOCKWURST: Mein erstes Mittagessen in Deutschland waren Bockwürste. Für mich war das eigenartig: Das türkische Wort „Bok" hat eine sehr unfeine Bedeutung –
5 das Sch...-Schimpfwort.
HEIZÖLRÜCKSTOSSABDÄMPFUNG: Das längste Wort der deutschen Sprache, in dem sich kein einziger Buchstabe wiederholt. So was lernt man im Deutschkurs am Goethe-
10 Institut. Ich habe einige Tage gebraucht, um es aussprechen zu können.
GRÜSS GOTT: Eine schöne Redewendung. Im Türkischen gibt es auch so viele Üs und Ös. Ich war stolz, dass ich diese Wörter so
15 gut aussprechen konnte – im Vergleich zu den Engländern und Amerikanern in der Klasse. Die hatten Probleme: Aber ich? Konnte alles: „Übermacht", „Übergröße", „Überschwang"! Herrlich!

Rafik Schami (62, Schriftsteller, Syrien):
RAUREIF: Als ich am ersten Morgen im Studentenwohnheim aufwachte, dachte ich: Trotz der Kälte verführt die Stadtverwaltung ihre Einwohner, aus dem Haus und
5 durch diese verzuckerte Landschaft zu gehen. In der Küche sagte ein Student sehr nuanciert: „Das heißt R a u r e i f." Dieses Wort hat so was Zauberhaftes!
LEICHENSCHMAUS: Bei einem Begräbnis
10 sagte jemand zu mir: „Jetzt kommt der Leichenschmaus." Ich habe damals noch halb Englisch und halb Deutsch gesprochen und dachte entsetzt: „Um Gottes willen, du kennst die Deutschen wohl doch nicht ge-
15 nug." Dann entdeckte ich, wie schön dieser Leichenschmaus ist. Die Leute setzen sich zusammen und reden so lange, bis die Trauer etwas weicht.
UMMELDEN: Als ob „anmelden" und „ab-
20 melden" den Deutschen nicht genügten, haben sie noch das Wort „ummelden" erfunden. Für einen Araber, der sich nur bei der Geburt anmeldet (seinen Tod melden andere), ist es ein gewöhnungsbedürftiges
25 Wort. Ich bin zehnmal im Jahr umgezogen, so lernte ich das.
AUSVERKAUF: Dieses Wort habe ich auf einem Schaufenster entdeckt. Die Deutschen benutzen ja sehr viele Vorsilben: aus-, ein-, ent-, auf-, ver-, etwa bei „Auskommen",
30 „Einkommen", „bekommen" – als ob sie jedes Wort von vorn bis hinten auspressen wollten, bis es nichts mehr hergibt. „Ausverkauf" konnte ich mir nur merken, weil es nach 15 Jahren, als ich weggezogen bin, im-
35 mer noch am Schaufenster hing. Seitdem weiß ich, dass man Teppichhändler nicht unterschätzen darf.
AUSLÄNDER: Lange habe ich gedacht, das sei ein trauriges Wort für alle, deren Länder
40 „ausgegangen" sind, also Pleite gemacht haben.
MORGEN! In Deutschland wird die Begrüßung oft auf ein Minimum reduziert: „Tag!", „Morgen!" Das klingt wie ein Knall. Im Ara-
45 bischen sagen wir: „Gesegnet sei dein Tag!"
LIEBE: Die Deutschen benutzen als Synonym für die Liebe oft das Herz. Im Arabischen nimmt man dazu die Leber. Das ist logischer: Wenn man aus Liebeskummer
50 säuft, schlägt das mehr auf die Leber, nicht aufs Herz.

Süddeutsche Zeitung Magazin, 24. 7. 2009

Arbeitsanregungen

1. Vergleichen Sie die unterschiedlichen Erfahrungen miteinander.
2. Auf welche Besonderheiten der deutschen Sprache werden Sie durch die Texte aufmerksam gemacht? Legen Sie eine Liste an.
3. Sie haben selbst mindestens eine Fremdsprache erlernt: Notieren Sie eigene Erfahrungen mit Wörtern oder Redewendungen in einer für Sie fremden Sprache.

Arbeitsanregungen zur weiteren Arbeitsplanung

Sie haben in **Teil A** an einigen Beispielen aus dem Alltag nachvollziehen können, wie wir aktuell unsere Sprache gebrauchen und welchen Wandlungsprozessen sie unterworfen ist.

Teil B ermöglicht es Ihnen, den in Teil A aufgeworfenen Fragestellungen intensiv nachzugehen sowie weitere zentrale und interessante Aspekte der Gegenwartssprache zu untersuchen, indem Sie sprachwissenschaftliche und sprachkritische Positionen dazu nachvollziehen, und sich kritisch mit diesen auseinanderzusetzen.

In Teil B werden mit den vier Teilkapiteln vier Schwerpunkte gesetzt, die vielfältige Berührungspunkte untereinander aufweisen. Sie können alle oder ausgewählte Teilaspekte im gesamten Kurs oder in arbeitsteiligen Gruppen zu den einzelnen Schwerpunkten behandeln:

- **Kapitel B 1** belegt und veranschaulicht in vielfältiger Weise, dass es „das" Deutsch als Sprache nicht gibt, sondern dass wir es mit vielerlei Erscheinungsformen einer Sprache zu tun haben. Von diesen Varietäten werden exemplarisch Dialekte, Jugendsprache, Fachsprachen und Werbesprache thematisiert. Außerdem können Sie sich hier mit der Frage beschäftigen, wie Migration sich auf die sprachliche Vielfalt des Deutschen und die Sprachkompetenz seiner Nutzer/innen auswirkt.

- **Kapitel B 2** setzt sich mit der Frage auseinander, wie sich in einer zunehmend von Medien geprägten Gesellschaft das Verhältnis von geschriebener und gesprochener Sprache entwickelt. Erörtert wird, wie Chat- und Handy-Kommunikation oder die sprachlichen Besonderheiten der Fernseh-Talks die Sprache insgesamt beeinflussen und wie Medien zum Motor des Sprachwandels werden. Am Ende dieses Kapitels lernen Sie aktuelle und kontroverse Positionen der Medienkritik kennen und können sich mit diesen auseinandersetzen.

- **Kapitel B 3** geht der Frage nach, wie es überhaupt dazu kommt, dass sich Sprachen verändern. Anhand verschiedener Beispiele können Sie beobachten, wie sich das Deutsche in seiner Geschichte verändert hat und sich auch heute weiter verändert. Sprachwissenschaftler haben dazu unterschiedliche Erklärungs- und Systematisierungsmodelle entwickelt, die die komplexen Prozesse von Sprachwandel greifbar und verständlich machen. Mit der Sprachkritik wird diskutiert, inwiefern solche Wandlungserscheinungen zu tolerieren sind oder nicht.

- **Kapitel B 4** präsentiert literarische Auseinandersetzungen mit Anglizismen, wobei Einblicke in neuere Werke aus dem Bereich des Dramas und der Romanliteratur gegeben werden. Außerdem bietet Ihnen dieses Teilkapitel pointiert argumentierende Texte zu der Frage, ob und inwiefern es in der deutschen Sprache problematische Verfallserscheinungen gibt. Mit diesem Textangebot trainieren Sie die Aufgabenformate der Sachtextanalyse und des Erörterungsaufsatzes. Dazu werden Ihnen methodische Unterstützungen angeboten.

Teil C lädt Sie ein, Ihre bisherigen Arbeitsergebnisse kreativ weiterzuentwickeln und sie dann einer lokalen Öffentlichkeit vorzustellen. Im Mittelpunkt stehen satirische Texte und Karikaturen, die zu einer sprachkritischen Ausstellung ausgestaltet werden können. Die Materialien eignen sich besonders für ein Projekt, das Sie als Schülerinnen und Schüler weitgehend selbstständig entwickeln und steuern können.

Methodenbaustein   Glossar anlegen und nutzen

Es empfiehlt sich, begleitend zu Ihrer Arbeit ein Glossar, z. B. auf Karteikarten, anzulegen, in dem Sie wichtige Fachbegriffe im Kontext der Themen „Gegenwartsdeutsch", „Sprachwandel" und „Sprachvarietät" sammeln und erläutern. Dazu können Sie die Informationen in diesem Kursheft nutzen, sollten die Begriffe aber auch in einem Fachwörterbuch oder anderen geeigneten Nachschlagewerken nachlesen.

Tauschen Sie Ihre Glossare von Zeit zu Zeit, auf jeden Fall aber am Ende Ihres Unterrichtsvorhabens, mit einem Partner/einer Partnerin aus. Vergleichen Sie, welche Begriffe Sie aufgenommen haben, und ergänzen Sie ggf. Ihr eigenes Glossar. Überprüfen Sie gegenseitig die Richtigkeit und Verständlichkeit Ihrer Erläuterungen.

Sie können das Glossar sehr gut für Klausur- und Prüfungsvorbereitungen nutzen, indem Sie es z. B. als Grundlage für ein Fachwörter-Quiz oder für Fragen in simulierten mündlichen Prüfungsgesprächen nutzen.

B Vielfalt und Wandel

1 Deutsch – eine Sprache, viele Sprachen?

1.1 Vielfalt der Sprache – Die innere Mehrsprachigkeit des Deutschen

Heinrich Löffler
Ein soziolinguistisches Varietätenmodell

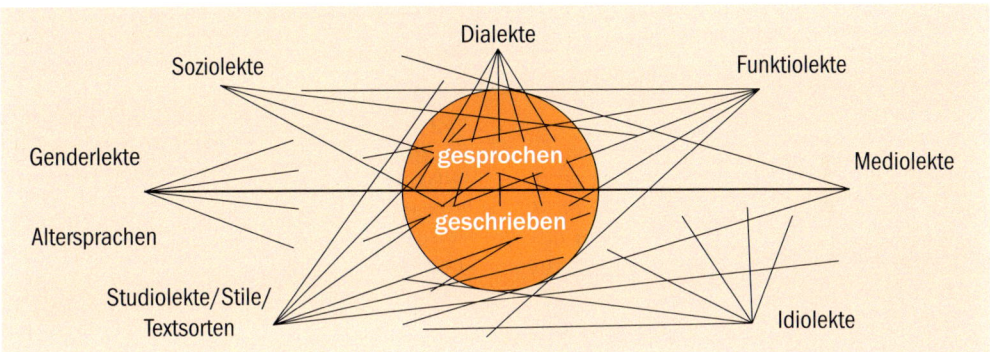

Helmut Glück/Wolfgang Werner Sauer
Gegenwartsdeutsch (1997)

1. Hochsprache, Schriftsprache, Gemeinsprache, Nationalsprache, Einheitssprache, Kultursprache, Literatursprache, Standardsprache, Umgangssprache, Alltagssprache, Konversationssprache, Volkssprache, Vulgärsprache, Landschaftssprache, Regionalsprache, Stadtsprache, Dialekt, Mundart.

2. Sondersprache, Gruppensprache, Fachsprache, Berufssprache, Wissenschaftssprache, Jugendsprache, Frauensprache, Männersprache, Managersprache, Szenesprache, Sportsprache, Werbesprache, Mediensprache, Ganovensprache, Gaunersprache, Politikersprache, Zeitungssprache, Sprache der Öffentlichkeit, des Tourismus, der alternativen Gruppen, Argot, Slang, Jargon, Kauderwelsch, Kaderwelsch.

Arbeitsanregungen

1. a) Beschreiben Sie die Grafik und klären Sie die verwendeten Begriffe.
   b) Erörtern Sie, inwiefern das Modell die Situation „der" deutschen Sprache angemessen veranschaulicht.
2. a) Wählen Sie aus den Begriffslisten von Helmut Glück und Wolfgang W. Sauer Begriffe, deren Bedeutung bzw. Abgrenzung Ihnen unklar ist. Klären Sie diese im Gespräch und/oder durch Recherche.
   b) Stellen Sie Beziehungen zwischen der Grafik und einzelnen von Helmut Glück und Wolfgang W. Sauer angeführten Termini her.
3. Übertragen Sie die Grafik auf ein großes Plakat. Ergänzen Sie die Grafik um Erläuterungen zu den Begriffen, Zuordnung weiterer Unterbegriffe (auch mit Hilfe der Listen von Helmut Glück und Wolfgang W. Sauer) sowie Beispiele aus der gesprochenen und geschriebenen Sprache.

A

Mehr als 24 Stunden nach der Explosion in einem Kohlebergwerk in Neuseeland gibt es noch immer keinen Kontakt zu den 29 eingeschlossenen Bergleuten. Die Rettungsteams warten auf grünes Licht, um in den Stollen hineinzugehen. Doch noch wäre dies zu riskant. Gestern am späten Nachmittag, kurz nach Beginn der Spätschicht, hatte es eine Explosion unter Tage gegeben. 29 Bergleute werden seitdem vermisst. Es habe noch keinen Kontakt zu den Eingeschlossenen gegeben, sagt der Chef des Pike-River-Kohlebergwerks, Peter Witthall. Es gebe aber Trinkwasser unter Tage. Außerdem hätten die Bergleute Sicherheitsausrüstung und Lunchpakete.

C

Ja, Herr Hauptmann, die Tugend – ich hab's noch nit so aus. Sehn Sie: wir gemeine Leut, das hat keine Tugend, es kommt einem nur so die Natur; aber wenn ich ein Herr wär und hätt ein' Hut und eine Uhr und eine Anglaise und könnt' vornehm reden, ich wollt' schon tugendhaft sein. Es muss was Schönes sein um die Tugend, Herr Hauptmann. Aber ich bin ein armer Mensch!

D

Netdeutsch is einfach: es is wunschdeutsch minus umlaut. Ser oft kann man umlaute im nez nich shreiben, dann wird ae, oe und ue geschrieben. Wozu di mye, immer 2 buchstaben zu schreiben, wo doch meistens einer genygt? Also e statt ae und y statt ue. Vile meinen, das e und ae anders ausgesprochen werden, man muss aber nur beobachten, wi leute, di ein e im namen ham, den man normalerweise mit ae schreiben wyrde oder umgekeert, probleme ham.

B

Hallo Frau Mielke
Der Max Hartmann hier. Ich sitz grad Montags in Ihrem Ädl-Es Teil2. Frau Carlova verwies uns an Sie, wegen des Fachpraktikums. Ich würde mir gerne den Platz am Albertine-Wagner-Gymnasium schnappen. Da wohn ich nämlich fast daneben! :-) Meine Matrikel Nr: 438905XP7: Die Praktikumsvorbereitung habe ich im SS 09 bei Frau Freytag absolviert.
Grüße Max Hartmann

E

Die Klassenbesten überzeugen beim Exterieur durch ihre Ausdrucksstärke bis ins kleinste Detail. Die horizontale Linienführung verleiht der Front eine stilvolle Eleganz und die muskulös modellierte C-Säule bildet einen markanten, dynamischen Übergang zum Heck. Intelligente Highlights setzen die Außenspiegel mit integrierten LED-Blinkleuchten.

Arbeitsanregungen

1. a) Stellen Sie begründete Vermutungen an, um welche Textsorte es sich jeweils handelt.
   b) Klassifizieren Sie die Sprachverwendungsbeispiele mit Hilfe des Varietätenmodells von Seite 15.
2. a) Übertragen Sie in Kleingruppen jeweils einen der Texte in die ▶ Standardvarietät (Seite 17, siehe auch Seite 37).
   b) Bilden Sie neue Gruppen mit jeweils (mindestens) einem/r Vertreter/in für jeden Text. Stellen Sie sich Ihre Ergebnisse vor.
3. „Das maximale Volumen subterrarer Agrarprodukte steht in reziproker Relation zur intellektuellen Kapazität des Produzenten." = „Der dümmste Bauer hat die dicksten Kartoffeln."
   Setzen Sie diese Sprichwörter in vergleichbarer Weise in eine andere Sprachvarietät:
   ● Morgenstund' hat Gold im Mund.   ● Wer den Schaden hat, braucht für den Spott nicht zu sorgen.
   ● Der Apfel fällt nicht weit vom Baum.   ● Lügen haben kurze Beine.
   ● Was Hänschen nicht lernt, lernt Hans nimmermehr.

Winfried von Davies
Die Standardvarietät (2007)

[…] Obwohl nicht alle Sprecher/innen unbedingt dasselbe unter dem Begriff der Standardsprache' (auch „Standardvarietät"/ „Hochsprache"/„Literatursprache" genannt) verstehen, kann man wohl davon ausgehen, dass die meisten diese Varietät als überregional verständlich, als prestigereichste Varietät im sprachlichen Repertoire einer Sprachgemeinschaft und als in formellen Situationen angemessen beschreiben würden. Die Standardvarietät genießt normalerweise mehr Prestige in bestimmten öffentlichen, offiziellen und formellen Domänen, z. B. im Klassenzimmer. Der Gebrauch nicht standardsprachlicher regionaler Varietäten in solchen Domänen wird oft verpönt. Andererseits kann der Gebrauch regionaler Varietäten in anderen Domänen (z. B. in der Familie oder im Freundeskreis) als etwas Positives betrachtet werden, da sie positive Aspekte wie Solidarität und Ortsloyalität symbolisieren. In der englischen Soziolinguistik wird diese Art von Prestige als *covert prestige* (verdecktes Prestige) bezeichnet, während man mit *overt prestige* die Art von Prestige beschreibt, deren sich die Standardvarietät durch ihren Gebrauch und ihre Förderung in den Medien und Institutionen wie der Schule erfreut. *Covert prestige* hilft uns zu erklären, warum nicht standardsprachliche Varietäten trotz Stigmatisierung überleben. […]
Eine Standardvarietät wird normalerweise auch als einheitlich beschrieben. Das hängt mit der überregionalen Verständigung zusammen – viele Sprecher/innen glauben, überregionale Verständigung könne nur mittels einer homogenen Varietät gewährleistet werden. […]
Auch wenn sich Sprecher/innen dessen selten bewusst sind, ist eine Standardvarietät immer ein künstliches Gebilde, das die Spuren vieler Interventionen seitens Lexikografen und Grammatiker zeigt. Sie intervenierten hauptsächlich, um Variation zu beseitigen und eine einzige Alternative als „richtig" bzw. standardsprachlich zu privilegieren. […]
Um eine Varietät aufzuwerten, werden oft andere Varietäten und Varianten abgewertet, d. h. die Gestaltung der Standardvarietät geht mit der Schaffung von „schlechtem Deutsch" einher. Die Intoleranz entstammt zum Teil der Auffassung, eine moderne, leistungsfähige Gesellschaft brauche eine einheitliche, überregionale Sprachform. Es stellt sich aber die Frage, ob eine elastischere Norm in der Tat der überregionalen Verständigung so viel schaden würde. Dazu kommt das Problem, dass gesprochene Sprache nicht mit denselben Maßstäben gemessen werden sollte wie Schriftsprache. Schriftliche Texte sind relativ kontextfrei und sollten klar und unzweideutig sein, aber gesprochene Interaktionen unterliegen zum Teil anderen Regeln, obwohl dies nicht immer anerkannt wird. […]

Arbeitsanregungen

1. a) Erläutern Sie mit eigenen Worten und Beispielen die Begriffe „overt prestige" and „covert prestige".
   b) Fassen Sie die Thesen des Textes in wenigen Sätzen zusammen.
2. Nennen Sie Merkmale (z. B. aus den Bereichen Wortschatz, Satzbau, Orthografie, Aussprache), die Ihrer Auffassung nach das „Standarddeutsch" ausmachen.
3. Diskutieren Sie diese Fragen im Kurs:
   - Schadet eine weniger streng gehandhabte Norm in der Verwendung der Standardsprache der überregionalen Verständigung?
   - Braucht eine moderne, leistungsfähige Gesellschaft eine einheitliche, überregionale Sprachform?

1.2 Regionale Varietäten

Deutschlandkarte:
Städtenamen im Dialekt

„Aschebersch" und „Gütsel" – welche Orte sich hinter diesen kryptischen Worten verbergen, zeigt unsere Karte.

© Kai Hofmann

Kaum jemand, der berufsbedingt – warum auch sonst? – nach Gütersloh zieht, ahnt, dass es dort üblich ist, die Stadt „Gütsel" zu nennen. In diesem Fall ist das Wissen schnell aufgeholt, die Vokabel wird rasch beherrscht. In anderen Fällen bleibt die Aussprache des lokal üblichen Stadtnamens für Zugezogene zeitlebens schwierig. Aschaffenburg ist so ein Fall. „Ascheberch" kann nur eine Annäherung des tatsächlich gebräuchlichen Genuschels sein. Auch das i in „Saarbrigge" ist kein klares i, es vermischt sich mit dem e. Im Süden sind die Dialektnamen weitaus häufiger. Hier sprechen mehr Menschen Dialekt. Die alten plattdeutschen Namen der norddeutschen Städte, die kaum mehr verwendet werden, sind hier nicht aufgeführt. Aus Tübingen berichten Schwäbischkundige, dass sich schon ein paar Kilometer von der Stadt entfernt, auf den Dörfern, die Aussprache verändert. Diese Karte ruft also Stammtische und andere Mundartforschungsstätten ausdrücklich dazu auf, weiter zu streiten und zu fachsimpeln.

Die Zeit, 16. 4. 2009

Arbeitsanregungen

1. Klären Sie die Bedeutung des Begriffs „Varietäten".
2. a) Lesen Sie die Städtenamen in der Abbildung auf Seite 18 laut in Hochdeutsch und in der dialektalen Form. Welche Schwierigkeiten treten beim Lesen der Dialektform auf?
   b) Bestimmen Sie Ihren eigenen Standort auf der Karte. Wie wird Ihr Wohnort, Ihr Schulort regional ausgesprochen?
3. Beschreiben Sie sprachliche Unterschiede zwischen hochdeutscher und dialektaler Form bzw. zwischen Dialektformen in verschiedenen Regionen. Achten Sie z. B. auf Endungen, Vokale, Konsonanten.
4. Wissen Sie, wie die verschiedenen Dialekte heißen? Tragen Sie auf einer Deutschlandkarte die Ihnen bekannten Dialektbezeichnungen ein. Vergleichen Sie Ihr Ergebnis mit einer entsprechenden Sprachkarte, z. B. in: *Werner König:* dtv-Atlas Deutsche Sprache. dtv, München 15. Aufl. 2005.

„Berliner":	Pfannkuchen	Krapfen	Kräppel Berliner	Fastnachtsküchelchen
„Mädchen":	Wicht	Deern	Mädle Diandl	Mädche
„Uhrzeit":	Viertel nach 6	Viertel 7	Viertel ab 6	Viertel über 6
„Guten Tag":	Tag	Tach	Grüß Gott Grüezi	Moin

Bezeichnungen für „Brötchen" in den deutschen Dialekten

Arbeitsanregungen

1. Wie bezeichnen Sie selbst die dargestellten Begriffe bzw. Situationen?
2. a) Stellen Sie Vermutungen an: Ordnen Sie die Begriffe auf einer Karte jeweils einer Sprachregion zu.
   b) Recherchieren Sie Informationen zur tatsächlichen Verteilung.
3. Benennen Sie unterschiedliche sprachliche Ebenen, auf denen sich Dialekte unterscheiden.

Nichts für Zugereiste – Perspektiven der deutschen Dialekte

von Burkhard Müller

Im Norden Deutschlands scheinen die Dialekte im Rückzug begriffen zu sein, im Süden können sie sogar die öffentliche Rede beherrschen. Aber wie lange noch? Dass sie verschwinden, ein Opfer von Nationalstaat und öffentlich-rechtlichen Medien, von Verwaltung und Normierung, von Modernisierung, Mobilität und steigendem Bildungsgrad –, das schien eine ausgemachte Sache zu sein über Jahrzehnte hinweg. Doch wer so denkt, macht sich die Sache zu einfach: Die Hochsprachen verändern sich, aber viele Dialekte bleiben. Und weil Globalisierung auch Regionalisierung bedeutet, mag der Dialekt sogar vor einer neuen Zukunft stehen. […]

Insgesamt aber machen die deutschen Mundarten wenig Miene auszusterben. Es geschieht, was trotz Globalisierung allerorten passiert: Die Regionen werden nicht schwächer, sondern vielmehr stärker, indem sie sich nämlich die Ressourcen der bisherigen Mikroräume einverleiben. Die ganz kleinteilige Kammerung verschwindet. […] Es gleichen sich dabei nicht nur Dorf und Dorf an, sondern vor allem auch Dorf und Stadt; dieser noch vor wenigen Jahrzehnten wichtige geografisch-soziale Unterschied hat sich weitgehend verloren. Im Jahr 1970, als ich aufs städtische Gymnasium kam, hatten es die Kinder vom Land noch deutlich schwerer. Eine Klassenkameradin (sie erhielt später ein Stipendium der Studienstiftung des Deutschen Volkes) brach in Tränen aus, weil sie bei ihrem Erlebnisaufsatz nicht wusste, wie sie „Scheitla" schreiben sollte; das waren kleine Holzscheite. […] Wie eng der deutsche Dialekt weiterhin an seinen Wurzeln in der autarken Haus- und Landwirtschaft hängt, obwohl es diese kaum mehr gibt, lassen zwei Einschränkungen erkennen, die offenbar für ihn gelten: Er will nicht so recht in die Schrift hinüber; und man kann ihn nicht eigentlich erlernen. Der Dialekt als Fremd- und Zweitsprache – das funktioniert nicht, das gibt der Lächerlichkeit preis. Nur der spricht ihn legitimerweise, der darin aufgewachsen ist, ohne sich darüber Rechenschaft zu geben; man kann ihn willentlich ablegen (vielleicht!), aber willentlich annehmen soll man ihn nicht. Das zugereiste Nordlicht, das sich selbst als „Zugroastn" empfehlen will, wirkt unredlich und anbiedernd, dazu verzweifelt bedürftig, als dränge es blind in eine fremde Familie hinein.

Und es ist noch nirgends die Umsetzung des Dialekts zur Schriftsprache wirklich geglückt. Da gibt es bloß ein plumpes Improvisieren am Klang entlang, ein Ballern nach Gehör auf ein bewegliches Ziel. […] Eigentlich stellt diese Resistenz gegenüber der Schriftsprache den sympathischsten Zug am Dialekt dar: dass er unentrinnbar der Mündlichkeit mit ihren Schwankungen angehört und darum die Sphäre des Anarchischen nie ganz verlässt. Er gehorcht keiner Regel, sondern eiert exzentrisch um einen eher zu erahnenden Mittelpunkt herum. Mag er trotzig daherkommen oder sich vor Blamage ängstigen […]: Er bleibt der Schatten, den die Menschen deutscher Zunge werfen, jeder seinen eigenen, kürzer oder länger je nach Sonnenstand, teils vor, teils hinter sich.

Man muss den Dialekt nicht mehr als Bildungshemmnis verdächtigen, nicht mehr für einen Ausweis geringer Bildung halten. Man braucht aber auch nicht um seinen angeblichen Niedergang zu bangen. Mit der Standardsprache richtet er es sich schon.

Süddeutsche Zeitung, 13./14. 11. 2010

Arbeitsanregungen

1. Listen Sie die Gründe für eine rückläufige Entwicklung von Dialekten auf und führen Sie jeden dieser Gründe genauer aus.
2. Welche Prognosen gibt der Text für die Zukunft der Dialekte? Wie begründet der Autor seine Erwartungen?

Ergebnisse aus einer Umfrage des Allensbach Instituts (2008)

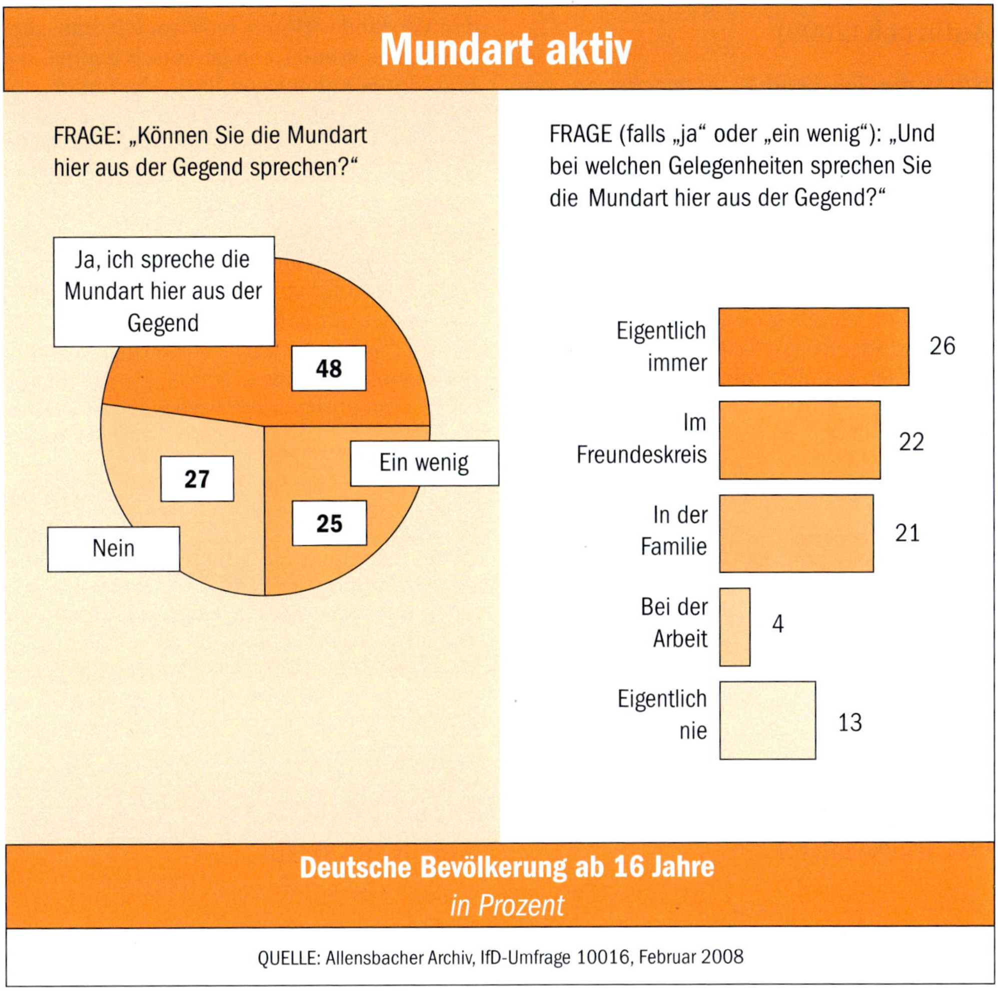

Mundart aktiv

FRAGE: „Können Sie die Mundart hier aus der Gegend sprechen?"

Ja, ich spreche die Mundart hier aus der Gegend

48

27

Nein

Ein wenig

25

FRAGE (falls „ja" oder „ein wenig"): „Und bei welchen Gelegenheiten sprechen Sie die Mundart hier aus der Gegend?"

Eigentlich immer	26
Im Freundeskreis	22
In der Familie	21
Bei der Arbeit	4
Eigentlich nie	13

Deutsche Bevölkerung ab 16 Jahre
in Prozent

QUELLE: Allensbacher Archiv, IfD-Umfrage 10016, Februar 2008

Arbeitsanregungen

1. Erläutern Sie die Grafik. Vergleichen Sie die statistischen Werte mit Ihren eigenen Dialekt-Erfahrungen.
2. Setzen Sie die Aussagen des Textes von Burkhard Müller (Seite 20) in Beziehung zu den Grafiken.
3. Erörtern Sie vor dem Hintergrund des Textes und der Grafiken auf den Seiten 18 bis 19 folgende These:

„Wenn es bereits Vereine zur Pflege der Dialekte geben muss, ist das ein deutliches Zeichen dafür, dass sie bereits verloren sind."

(Gerhard Jäger, Tübinger Linguist)

Regionale Varietäten in der Sprache der Literatur

Ulla Hahn
Aufbruch (2009)

Hilla, die Ich-Erzählerin, wächst in den 1960er-Jahren in einem Dorf am Rhein auf. Ihre Sehnsucht nach geistiger Freiheit und Bildung, für die es in ihrer Familie wenig Verständnis gibt, bekommt unverhofft eine Chance, als sie – als 17-Jährige – in ein Aufbaugymnasium aufgenommen wird.

[…] Hanni rückte schon auf dem Sofa für Bertram und mich zur Seite. „Wie jeht et denn in der neuen Schul?", fragte sie beiläufig, und ich antwortete ebenso unverbindlich: „jut",
5 und das reichte uns allen.
„Dat interessiert die Kenger doch nit."
Tante Berta, aus ihrer Strickjacke dampfend, schnippte auf die Zeitung und fasste uns über ihre Brille hinweg, die sie neuerdings zum Le-
10 sen brauchte, tadelnd ins Auge.
„Von wejen." Bertram zog Hanni das Faltblatt aus der Hand. „Hier! Die feminine Linie in der Mode. Luxus pur und exklusiv für die elegante Dame. Wisst ihr überhaupt, wat ihr alles
15 könnt? Dat hier ist Latein! Und ihr könnt dat lesen! Und verstehen!"

Die Frauen sahen Bertram an, als hätte der den Verstand verloren. Jetzt war ich dran. „Fe-minin, das kommt von lateinisch femina, die Frau, Linie kommt von linea, die Linie", do- 20
zierte ich, „Mode von modus, die Art und Wei-se, Luxus haben schon die alten Römer gesagt und pur und exklusiv auch. Dame kommt von domina, die Herrin, und elegant, das sagte man auch schon vor Christi Geburt, wenn je- 25
mand anständig angezogen war. Ist das nicht einfach wunderbar? Dass wir so alte Wörter gebrauchen für ganz neue Sachen?" Ich biss mir auf die Lippen. Zu viel des Gutgemeinten. Betretenes Schweigen. 30
Nicht einmal die Tante wagte, ihr Lieblings-wort hervorzustoßen, das sie für alles parat! hielt, was ihr nicht passte, sagte nicht: Koko-lores!, holte tief Luft, senkte das vielfache Kinn in den V-Ausschnitt und murrte, wenn 35
auch ungewohnt verhalten, beinah kleinlaut: „Un wat has de davon, dat de dat all weißt?" Doch mit jeder Silbe gewann die Tante ihre Courage! zurück. Hämisch sah sie die Mutter an: „Dofür jibt dir doch keiner Penne. Wenn 40
dat alles es, wat se ösch beibrenge!" Und dann kam sie doch noch, die Verdammnis: „Koko-lores!" […]

Bertolt Brecht
Der Radwechsel

Ich sitze am Straßenhang.
Der Fahrer wechselt das Rad.
Ich bin nicht gern, wo ich herkomme.
Ich bin nicht gern, wo ich hinfahre.
5 Warum sehe ich den Radwechsel
mit Ungeduld?

Helmut Haberkamm
Neia Reifn drauf
nooch Bertolt Brecht (1992)

Iech hogg auf der Staffl am Oostraafer doddn.
Mei Vadder dudd di Winderreifn nooschraum.
Wui herkumm, moochi nedd grood noo.
Wui hie will, moochi aa nedd grood noo.
Is Gscheidsde wär, iech langerd mied noo 5
Un dääd helf derzu bein Schraum. Obber
So hoggi bloß doo un hald mei Goschn
Un schau un waaß nedd, wossi meecherd.
Sixd, etz sinn di Reifn aa scho droo.
Mei Vadder wingd, iech fohr dervoo. 10

Arbeitsanregungen

1. Beschreiben Sie mit eigenen Worten, wie im Romanauszug die Bildungssprache Latein und der rheinische Dialekt aufeinandertreffen.
2. Das Gedicht von Helmut Haberkamm ist im fränkischen Dialekt geschrieben. Lesen Sie das Gedicht laut und geben Sie seinen Inhalt sinngemäß wieder. Klären Sie bei Verständnisschwierigkeiten die Bedeutung des Wortes gemeinsam.
3. Vergleichen Sie das Gedicht des Mundartdichters mit dem von ihm zu Grunde gelegten Gedicht von Brecht.

1.3 „Soziolekte" –
Gruppensprachen, Fachsprachen, Sondersprachen

Beispiel Jugendsprache

Hast du den gesehen?

Jugendliche unterhalten sich über den Ehemann einer Lehrerin. Der Dialog wurde im Rahmen einer wissenschaftlichen Arbeit über Jugendsprache veröffentlicht.

A: ich hab den gar nich gesehen auf'm elternabend.
M: der sieht schrecklich aus.
A: ziemlich gammelig kann das sein?
M: ja(.) der sieht aus wie james bond. (Lachen)
5 I: wie welcher?
J: sag ich doch ziemlich gammelig.
M: conney(.) so total schleimig weiß ich auch nich so total öh.
J: wie heißt die lehrerin?
M: frau hinz.
10 J: mein name ist hinz (lacht) hans hinz (lacht).
A: hinz und kunz.
M: und ich hab die lizenz zum töten (lacht).
A: mit schlechten zensuren! (Lachen)
M: die lizenz zum töten teufel noch mal (.) ohgr! (lacht)
15 A: du sollst nicht fluchen!

Dissen, muddeln oder lieber hartzen?

Das „Höhlenmofa" sorgt für guten Duft, ein „Crossi" liegt ständig in der Sonne, und kleine Mädchen ärgern sich über ihren „Maschendraht". Wie bitte? Tja, sinnvoll wird das Ganze erst, wenn man weiß, dass diese merkwürdigen Begriffe für Deoroller, Menschen mit braungebrannter Haut und Zahnspange stehen. Aber so redet die Jugend nun mal. Damit solche Ausdrücke auch von Erwachsenen verstanden werden können, legt Langenscheidt in diesem Herbst mal wieder das Jugendwörterbuch „Hä?? Jugendsprache Unplugged" vor. Neben Klassikern wie „hartzen" (herumgammeln), „Zornröschen" (beleidigtes Mädchen) oder „Eierkocher" (Whirlpool) finden sich hier rund 200 neue Wörter. Diese generierte Langenscheidt vor allem aus Zusendungen von Jugendlichen.

www.welt.de, geprüft 20. 11. 2010

Arbeitsanregungen

1. Beschreiben Sie die Sprache, die die Jugendlichen im Gespräch oben verwenden.
2. a) Informieren Sie sich in einer Buchhandlung über das Angebot an Wörterbüchern zur Jugendsprache.
   b) Vergleichen Sie die Art von Kommunikation unter Jugendlichen, die sich im abgedruckten Gespräch zeigt, mit dem Bild von Jugendsprache, das in diesen Wörterbüchern vermittelt wird.
3. Medien wie Handys oder Digitalkameras erlauben es, Alltagsszenen spontan zu dokumentieren. Wählen Sie aus Ihren privaten Archiven solcher Mini-Dokus geeignete kleine Szenen aus, die in Ihren Augen typisch für die Kommunikation zwischen Jugendlichen sind.
   Beschreiben Sie anhand dieses Materials Merkmale von Jugendsprache.

Eva Neuland/Johannes Volmert

Sprechen Jugendliche eine andere Sprache? (2009)

Kreationen und Experimente im Bereich der Phraseologie (Bricolage)

Die Spielmittel jugendsprachlicher Sprechstile bleiben nicht beschränkt auf Einzelwörter
5 und Wortbildungen. Sie umfassen auch alte und neue Phraseologismen, Redensarten und Sprüche/Sprichwörter, die in den meisten Fällen an entsprechenden kulturellen Ressourcen anknüpfen. Allerdings werden sie im-
10 mer einer typischen Transformation unterzogen, nie lediglich affirmativ zitiert. So werden auch beliebte Werbeslogans ironisch parodiert bzw. persifliert (*„Schönes Haar ist dir gegeben, lass es leben, lass es kleben"*), aber
15 nicht nur, um die Klischees der Werbung zu „entlarven", sondern auch als Versatzstücke im Gruppendialog, z. B. als ironischer Kommentar oder um einen Gesprächspartner zum Verstummen zu bringen (*„Sollte uns das*
20 *nicht zu denken geben? Ich glaube, nein. Guten Abend."*)
Das letzte Beispiel zeigt bereits eine weitere Technik, die zu den spezifischen Spielmitteln jugendsprachlicher Kreativität gehört: Die
25 Montage von Versatzstücken aus der Medienkommunikation, die umfunktioniert werden zu Anspielungen auf gemeinsame Erfahrungen. Sie werden – zunächst gruppenintern – zu „running gags", die vielseitig einsetzbar sind:
30 als Gesprächsauftakt, als Kommentar, als Bewertung – oder einfach als Signal für das Zusammengehörigkeitsgefühl und die Stärkung der Gruppenkonstitution. Die Forschung spricht hier von Bricolage (frz. „Werkeln, Bas-
35 teln"), und das Zusammensetzen, Transformieren und Verfremden heterogener Elemente kann aus unterschiedlichsten Quellen der Alltagserfahrung schöpfen. Dies demonstriert das folgende Beispiel, in dem sich Jugendliche

40 über den Ehemann einer Lehrerin in Form des Handlungsmusters „Lästern" unterhalten [s. Seite 23 in diesem Band, Anm. d. A.].

Typische Stilmittel im Bereich der Dialogstile

45 Gesprächsstile der Intra-Gruppenkommunikation von Jugendlichen unterscheiden sich von den Formen und Formeln der Höflichkeit, der Distanz und Indirektheit in der gehobenen Standardsprache. Die spezifischen An-
50 redeformen dienen der Definition der Situation und der Zuweisung der Gesprächsrollen *(Hey, Hi, Hallo, Ey, Ey Alter, Na du)*. Die thematische Entwicklung jugendsprachlicher Dialoge erscheint oft sprunghaft und un-
55 motiviert, zentriert sich aber doch immer wieder um gemeinsame Erfahrungen und Probleme.
Das Gespräch bevorzugt die respektlose, auch tabulose Ansprache heikler Themen, versteht sich selbst als direkter, ehrlicher und authenti-
60 scher im Gegensatz zur „verlogenen", „verschleimten" Sprache anderer, v. a. der Erwachsenen. Spontane Kommentare und Unterbrechungen sorgen für eine affektive Belebung des Sprachspiels, ein unmotivierter
65 Abbruch eines Gesprächbeitrags ist oft durchaus erwünscht. […]
Als charakteristische Tendenzen können die folgenden Eigenarten des Dialogstils gelten, die allerdings erst in ihrer jeweiligen Kombi-
70 nation und Ausprägung die Typik eines gruppensprachlichen Stils markieren: Stichwort- und Angebotskommunikation, Überbieten *(topping)*, kommunikativer Wettbewerb, Einsatz von Anspielungen und Quasi-Zitaten.
75 […]

Arbeitsanregungen

1. Schreiben Sie eine kurze Zusammenfassung des Textes, in der deutlich wird, wie die Autorin und der Autor die Titelfrage: „Sprechen Jugendliche eine andere Sprache?" beantworten.
2. Veranschaulichen Sie die Aussagen des Textes mit Hilfe des Dialogs auf Seite 23 sowie mit den Gesprächsbeispielen, die Sie selbst dokumentiert haben (Seite 23, Aufgabe 3).

Jannis Androutsopoulos

… und jetzt chillen (2005)

Im Frühjahr 2002 hat Thomas Gottschalk den Medienpreis für Sprachkultur in der Sparte Rundfunk erhalten. Sein virtuoser Umgang mit sprachlichen Varietäten mache die Vielfältigkeit der deutschen Sprache sichtbar, so die Begründung der gastgebenden Gesellschaft für deutsche Sprache. In seiner Dankesrede bezeichnete sich Gottschalk als sprachlichen Vermittler zwischen sozialen Gruppen, der in der Lage ist, Pubertierende genauso zu verstehen wie ihre Großeltern. An einem Vergleichsbeispiel zeigte er dann auf, wie die Sprechstile der Generationen auseinandergehen. Als Beispiel für Jugendsprache zitierte er dabei seinen 12-jährigen Sohn mit einem Satz, der sich in etwa so anhörte: *Ich war voll lang im Internet und jetzt gehe ich chillen.* Damit führte Gottschalk dem erwachsenen Publikum ein Stück aktueller Jugendsprache vor. Was er vermutlich nicht wissen konnte: Sein Beispiel macht auch ein Stück aktuellen Sprachwandels sichtbar. *Chillen* (bzw. *auschillen*) und *Chill-out* hörte man in Deutschland zum ersten Mal im Zuge der aufkommenden Hip-Hop- und Techno-Kultur gegen Ende der 1980er-Jahre. Das Verb *chillen* (auch *aus-* oder *abchillen*) bezeichnete damals einen Zustand fauler Geselligkeit auf oder nach einer Party, das Sich-Zurückziehen nach wildem Tanzen, um Kräfte zu sammeln; das Substantiv *Chill-out* bezeichnet die einschlägige Räumlichkeit. In weniger als 15 Jahren hat *chillen* die Grenzen der Musikszenen überschritten und Eingang in die Umgangssprache Jugendlicher gefunden – eine „Karriere", die von Erweiterung der Wortbedeutung, morphologischer Integration und lexikalischer Produktivität' begleitet und durch die Aufnahme von *auschillen* in die neueste Ausgabe des Duden Universalwörterbuchs (2003) bestätigt wird. Gegenwärtig liefern die Massenmedien Anzeichen dafür, dass *chillen* im Begriff ist, in die altersunabhängige Umgangssprache einzugehen, ohne dabei vom ursprünglichen Nutzerkreis zu verschwinden. Die soziale Verbreitung des Ausdrucks […] ist ein Beispiel für Jugendsprache als Ressource für Standardvariation. […]

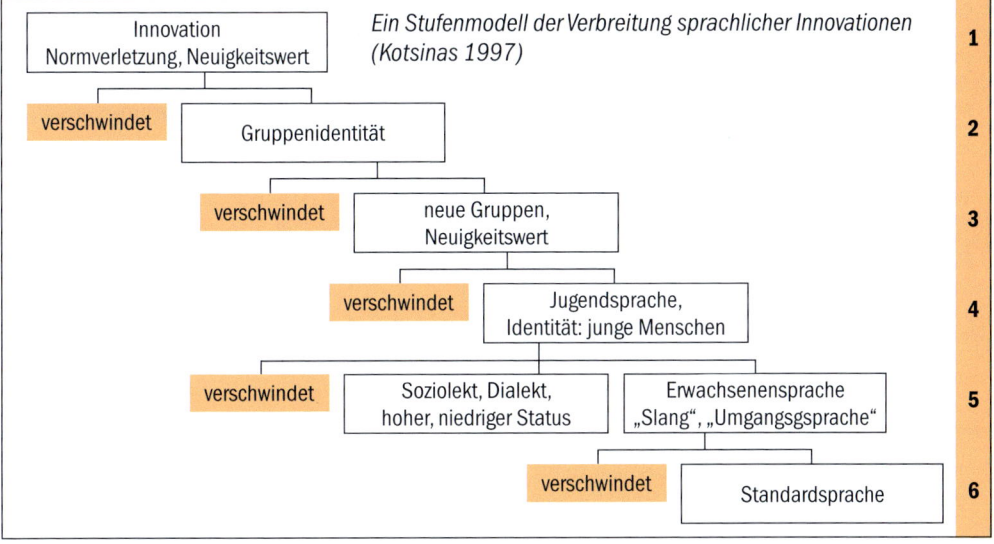

Ein Stufenmodell der Verbreitung sprachlicher Innovationen (Kotsinas 1997)

Arbeitsanregungen

1. a) Wie verwenden Sie das Wort „chillen"? Stellen Sie Beispiele zusammen.
   b) Erstellen Sie auf der Grundlage Ihrer Beobachtungen einen Wörterbuchartikel zu diesem Begriff.
2. Wenden Sie das Modell von Kotsinas auf die oben Verwendungsgeschichte des Wortes „chillen" an.
3. Suchen Sie weitere Beispiele für Wörter, die den Aufstieg von der Sub- oder Jugendkultur in die Alltags- oder Standardsprache geschafft haben. Tauschen Sie sich dazu mit älteren Menschen aus.

Nina Janich

Jugendsprache und Werbesprache (2010)

Matthias Buschmann vergleicht die Merkmale, die in der Forschung für Jugendsprachen als charakteristisch gelten, mit der Werbesprache und kommt zu dem Schluss, dass Werbe-
5 und Jugendsprache folgende Gemeinsamkeiten und Unterschiede aufweisen […]:

- Gemeinsam ist ihnen die Tendenz zu hyperbolischer (= übertreibender) Ausdrucksweise, Bildhaftigkeit, lockerem, spieleri-
10 schem Umgang mit Sprachnormen, die Bevorzugung von Phraseologismen, Anglizismen, indirekten Sprechakten und Ausdrücken mit weitem Assoziationsspielraum. Durch den Hang zu ständigem
15 Ausprobieren neuer sprachlicher Formen ist bei beiden Varietäten zu vermuten, dass sie zum Sprachwandel beitragen.
- Wichtige Unterschiede liegen jedoch in der Intention, die hinter dieser Sprachverwen-
20 dung jeweils steht: Ob sich Jugendliche nun aus Protest von der Sprache der Erwachsenen abgrenzen oder […] ihre Sprachkompetenz spielerisch erproben wollen, ihre Intentionen und damit auch ihr Sprechen
25 unterscheiden sich von der immer zweckgebundenen, inszenierten Form der Werbesprache, mit der ein Publikum angesprochen und für wirtschaftliche Ziele gewonnen werden soll. Ein weiterer Unterschied liegt
30 deshalb auch darin, dass Werbesprache nicht in derselben Form provozierend, drastisch oder vulgär ist, wie es Jugendsprache sein kann.

Das Überraschende an der empirischen Stu-
35 die von Buschmann ist, dass er nach der Auswertung von Anzeigen (aus dem Jahr 1993) aus Jugendzeitschriften (250 Anzeigen) und dem SPIEGEL (250 Anzeigen) zu dem Ergebnis kommt, dass nicht nur im SPIEGEL-Kor-
40 pus keine eindeutig jugendsprachlichen Elemente nachweisbar waren, sondern dass dies auch auf 90 Prozent der Anzeigen aus den Jugendzeitschriften zutraf: Nur zwölf Anzeigen (4,8 Prozent) wiesen „vorsichtige Anklänge"
45 an Jugendsprache auf und nur neun Anzeigen (3,6 Prozent) waren eindeutig und teilweise überzogen jugendsprachlich gestaltet […].

Aus dem „vorsichtigen" Einsatz jugendtypischer Elemente in der Werbung lässt sich
50 zweierlei schlussfolgern: Zum einen scheinen doch einige Argumente gegen die Verwendung von Jugendsprache in der Werbung zu sprechen, wie sie Buschmann aufzählt und wie sie […] durch die Umfrage bei Schülern
55 und in Werbeagenturen auch bestätigt werden: Jugendsprache ist sehr schwer nachzuahmen, wirkt in Werbung fast nie authentisch und birgt daher die Gefahr, nur als peinliche Inszenierung und Anbiederungsversuch emp-
60 funden zu werden […]. Zudem verfügen viele Ausdrücke der Jugendsprache nur über eine geringe soziale Reichweite. Insgesamt widerspricht die Verwendung von Jugendsprache in der Werbung den ganz anderen Intentionen
65 jugendlicher Sprecher, nämlich originell, exklusiv und ungebunden in ihrem Sprachgebrauch zu sein.

Zum anderen bestätigen die Untersuchungsergebnisse im Grunde die These […], dass sich
70 jugendliches Sprechen eben nicht – wie oft in der Forschung behauptet – so ohne weiteres an konkreten, feststehenden sprachlichen Merkmalen erkennen und belegen lässt.

Arbeitsanregungen

1. Im Text wird auf eine empirische Studie von Matthias Buschmann Bezug genommen: Beschreiben Sie, worin diese Studie bestand, und fassen Sie deren Ergebnis mit eigenen Worten zusammen.
2. a) Die von Buschmann erhobenen Daten stammen aus dem Jahr 1993. Erheben Sie in begrenztem Umfang aktuelle Daten: Werten Sie dazu die Anzeigen aus jeweils mindestens drei aktuellen Jugendzeitschriften und Nachrichtenmagazinen unter der Fragestellung aus, inwiefern Sie dort jugendsprachliche Elemente finden.
   b) Vergleichen Sie Ihre Ergebnisse mit den älteren von Buschmann – hat sich etwas verändert?
3. Wählen Sie ein oder mehrere Produkte aus, für die Sie es naheliegend finden, jugendsprachliche Elemente in der Werbung zu benutzen. Kreieren Sie für diese Produkte Slogans, in denen solche Sprachelemente vorkommen.

Beispiel Fachsprachen

§ 2 Schulträger

(1) Schulträger ist, wer für die Errichtung, Organisation und Verwaltungsführung der einzelnen Schule rechtlich unmittelbar die Verantwortung trägt und zur Unterhaltung der Schule eigene Leistungen erbringt.

(2) Schulträger können nur juristische oder natürliche Personen sein.

Der VPL-VW90ES genannte Bildwerfer zeigt die plastischen Bilder mit der uneingeschränkten HD-Auflösung von 1080 Zeilen im Vollbildmodus. Zur genussvollen Betrachtung bedarf es derselben Shutterbrillen, die auch für 3D-Fernseher zur Pflichtausrüstung zählen. Die Bildfrequenz von 240 Hertz sorgt für glatte, ruckfreie Bewegungsabläufe.

Der Cournotsche Punkt ist der Punkt auf dem Graphen der Preisabsatzfunktion eines Monopolisten, der an der Stelle der gewinnmaximalen Ausbringungsmenge liegt und den zu ihr gehörenden Preis angibt.

Arbeitsanregungen

1. Lesen Sie die Zitate und ordnen Sie sie bestimmten Fachbereichen und Textformen zu.
2. a) Versuchen Sie, den Inhalt der Zitate mit eigenen Worten wiederzugeben und zu erläutern.
   b) Benennen Sie die Schwierigkeiten, die Sie dabei haben. Welche Möglichkeiten haben Sie, diese Schwierigkeiten zu überwinden?
3. Sammeln Sie Situationen aus Ihrem Alltag, in denen Sie mit Fachsprachen konfrontiert werden.

Information　　**Fachsprachen und Fachbegriffe**

Fachsprachen ermöglichen eine differenzierte Darstellung fachlicher Zusammenhänge und eine präzise Kommunikation von Fachleuten und Spezialisten in Forschung und Wissenschaft, Betrieb, Produktion und Verkauf. Im Austausch mit Laien können sich Fachsprachen als Kommunikationsbarrieren erweisen. Übertriebener Gebrauch eines Fachvokabulars kann einschüchtern oder imponieren oder sogar manipulierend wirken. Fachsprachen unterscheiden sich von der Standardsprache vor allem durch einen eigenen Wortschatz.

Ein Fachbegriff ist ein Wort, dessen Bedeutung für Fachleute eines Gebietes eindeutig definiert ist, teilweise in Abgrenzung zu seiner Verwendung in der Alltagssprache. Häufig werden Fremdwörter als Fachbegriffe verwendet. Fachbegriffe können aber auch Kunstwörter oder Neologismen (▶ Umschlag vorn innen) sein. Auch Abkürzungen werden in Fachsprachen häufig verwendet.

Heinrich Löffler

Soziolinguistische Aspekte der Wissenschafts- und Fachsprachen
(2010)

Wissenschafts- und Fachsprachen sind auf die jeweiligen Gruppen beschränkt, die sich die fachlichen und terminologischen Kenntnisse durch eine längere Ausbildung angeeignet haben. Die Notwendigkeit einer eigenen „Sprache" ist sachlich bedingt und aus den fünf Vorkommensbereichen heraus zu erklären. Fach- und Wissenschaftssprachen sind elitär und betreffen immer nur bestimmte Gruppen. Der Fachjargon kann über den Erkenntnis- 5 10 effekt und die Kommunikationsökonomie hinaus gruppenstabilisierend wirken und zur beruflichen Identifikation beitragen. Fasst man Fachsprache weit genug, so gibt es fast niemanden, der nicht an irgendeiner Fachsprache teilhat. Entsprechend dem sozialen Ansehen der Disziplinen besteht unter den Fachsprachen ein Prestigegefälle. Während in den Naturwissenschaften, den technischen und ökonomischen Fächern und Berufen eine terminologische Unverständlichkeit autoritätssteigernd sein kann, ist diese Wirkung bei geisteswissenschaftlicher „Fachsimpelei" oft gegenteiliger Art. Von den „kulturwissenschaftlichen" Fächern wird in viel höherem Maße eine verständliche Sprache erwartet als von den naturwissenschaftlich-medizinischen oder ökonomischen Disziplinen. Dabei wird übersehen, dass auch gemeinsprachliche Wörter wie Sicht, Aspekt, Erzählweise, Ausdruck, Gefühl, Fantasie, Rolle, Verständnis oftmals terminologisiert, d.h. wohl definiert und eindeutig in ein Begriffssystem eingebettet sind. Dies trifft insbesondere auch für die Fachsprache des Wetterberichts zu, die für die Medien von wohlmeinenden Stilisten in nicht wettertaugliche Umgangssprache übersetzt wird. Die vermeintliche Verständlichkeit vermittelt den falschen Eindruck, als gehöre jedermann zur literarischen, pädagogischen, theologischen oder meteorologischen Wissenschaftsgemeinde.

Die Gemeinsprache (Alltagssprache) nimmt dauernd Wörter und Wendungen aus den Fachsprachen auf, weil entweder Fachwissen popularisiert und zum Allgemeinwissen wurde, z.B. im Bereich des Autofahrens oder der Populärpsychologie, oder weil ein Fachbereich und die dazugehörende Berufsgruppe, z.B. die Medizin, in einem sehr hohen sozialen Ansehen stehen, sodass Fachwörter (Stress, Infarkt, Therapie, Kollaps, Diagnose) dank ihres „Mehrwertes" in die Alltagssprache übernommen werden.

Durch die zunehmende Differenzierung des Fachjargons gerade in den führenden Grundlagenwissenschaften (Informatik, Computerwesen, Medizin, Elektronik, „Finanzindustrie" etc.) vergrößert sich der Abstand der Fachsprachen zur Normalsprache. Auch die Berufsgruppen isolieren sich kommunikativ mehr und mehr. Je nach gesellschaftlichem Stellenwert der Branche wird die Fachgruppe zu einer neuen Art Elite […] mit entsprechender Macht im öffentlichen und privaten Bereich. Zwischen der Wissenschaftskaste und dem gewöhnlichen Volk entsteht eine Kommunikationskluft, indem aus unverstandenen Ergebnissen und Fakten ohne Möglichkeit der Nachprüfung Handlungsanweisungen übernommen werden müssen (z.B. Kernkraftdiskussion; Gentechnologie, Stammzellenforschung; seit der Finanzkrise von 2008 auch börsentechnische Ausdrücke der „Finanzindustrie": Ein Credit Default Swap (CDS) ist ein Kreditderivat zum Handeln von Ausfallrisiken von Krediten, Anleihen oder Schuldnernamen). Vermittlerberufe wie Medienprofessoren und Wissenschaftsjournalisten versuchen, die Kluft zu überbrücken. Insbesondere die neuen Medien mit ihren vielfältigen Möglichkeiten und ihrer großen Verbreitung sind auf eine Popularisierung der Fachsprache geradezu angewiesen […]. Die Spezialisierung macht es weiterhin erforderlich, dass auch zwischen einzelnen Fächern bereits übersetzt und gedolmetscht werden muss. Missverständnisse sind zwischen den Fachleuten selbst mindestens so häufig wie zwischen Fachleuten und Laien.

Arbeitsanregungen

1. Stellen Sie die Beziehungen zwischen Allgemeinsprache und Fachsprachen auf Grundlage der Textaussagen grafisch dar.
2. „So gibt es fast niemanden, der nicht an irgendeiner Fachsprache teilhat" (Zeile 14f.): Belegen Sie diese Aussage am Beispiel Ihrer selbst sowie im Blick auf einige andere Personen außerhalb des Schulkontextes (z.B. ein/e Verwandte/r, ein/e Nachbar/in etc.)
3. a) Untersuchen Sie die Verwendung von Fachsprache und anderen Sprachvarietäten bei Wetterberichten in unterschiedlichen Medien (Radio, Fernsehen – jeweils bei verschiedenen Sendern).
   b) Beurteilen Sie die Wetterberichte nach folgenden Kriterien: Verständlichkeit, Angemessenheit, sachliche Richtigkeit. Ziehen Sie für das letzte Kriterium nach Möglichkeit einen Experten (z.B. einen Erdkundelehrer) heran.

Thorsten Roelcke
Juristische Formulierungshilfe
(2010)

Der folgende Sprachkurs hilft Ihnen, in Sekundenschnelle aus jeder noch so einfachen Aussage einen „perfekten" juristischen Satz zu basteln. Viel Spaß!

1. Schritt: Sie nehmen einen ganz normalen Satz:
„Vielen Dank für Ihren Brief. Wir beantworten Ihre Fragen, sobald wir mit Herrn Müller darüber gesprochen haben."

2. Schritt: Sie reichern den Satz mit Substantiven an. Ersetzen Sie einfach alle Verben durch Hauptwörter oder Streckverben. Und vergessen Sie nicht, die Substantive mit der Endung „-ung" aufzublähen:
„Vielen Dank für Ihren Brief. Wir kommen in Beantwortung Ihrer Fragen auf Sie zurück, sobald wir Rücksprache mit Herrn Müller gehalten haben."

3. Schritt: Sie anonymisieren (zur Wahrung des Anwaltsgeheimnisses) den Text:
„Vielen Dank für das vorgenannte Schreiben. Die Unterfertigten kommen in Beantwortung der darin aufgeworfenen Fragen auf diese zurück, sobald sie Rücksprache mit dem Mandanten gehalten haben."

4. Schritt: Sie übersetzen alles ins Passiv:
„Für das vorgenannte Schreiben möchten wir uns bedanken. Die Unterfertigten werden in Beantwortung der darin aufgeworfenen Fragen auf diese zurückkommen, sobald unsererseits Rücksprache mit dem Mandanten gehalten werden konnte."

5. Schritt: Sie würzen Ihre Arbeit mit unnötigen Adjektiven und Partizipien:
„Bezugnehmend auf das vorgenannte Schreiben möchten wir uns bedanken. Die Unterfertigten werden in alsbaldiger Beantwortung der darin aufgeworfenen rechtlichen Fragestellungen umgehend auf diese zurückkommen, sobald unsererseits die unverzichtbare Rücksprache mit dem derzeit abwesenden Mandanten gehalten werden konnte."

6. Schritt: Wiederholen Sie abschließend unbedingt noch einmal die Schritte 2 bis 5:
„Unter Bezugnahme auf das vorbezeichnete Schreiben möchten wir dankenswerterweise den Empfang durch unser Haus bestätigen. Den Unterfertigten erscheint es bezüglich der im Betreff bezeichneten Angelegenheit gegebenenfalls im Bereich des zeitnah Umsetzbaren, zu den angesprochenen rechtlichen Fragestellungen in alsbaldiger Erledigung der im vorgenannten Schriftsatz aufgeworfenen konkreten Problemkreise in schriftlicher Form Stellung zu nehmen, sobald durch unsere Kanzlei in Bezug auf die von Ihrer Seite geäußerten Anliegen die nach unserem Dafürhalten gebotene Rücksprache mit der derzeit noch auf nicht absehbare Zeit in Abwesenheit befindlichen Mandantschaft gehalten werden konnte."
Und jetzt bitte noch einmal den Satz unter 1. lesen.

Arbeitsanregungen

1. Berichten Sie über eigene Erfahrungen mit Amts- und Juristensprache. Bringen Sie dazu ggf. Textbeispiele mit in den Unterricht.

2. a) Überprüfen Sie, inwiefern die in jedem Schritt formulierten Strategien tatsächlich in dem Beispieltext umgesetzt werden.

   b) Legen Sie ein Glossar mit Begriffen an, die den typischen Amtssprachencharakter vermitteln. Nutzen Sie dieses Glossar, um folgende Sätze nach dem gleichen Verfahren zu bearbeiten:

   > *Vielen Dank für Ihre Anfrage.*

   > *Es genügt, wenn Sie eine amtlich beglaubigte Kopie vorlegen.*

3. Und nun umgekehrt: Entwickeln Sie Verbesserungsvorschläge für folgende Beispiele.

   > **A** *Die Abfallberatung der XY GmbH hat Sie mit Schreiben vom ((Datum)) auf diesen Missstand aufmerksam gemacht und hat Sie gebeten, das Restmüllbehältervolumen entsprechend der Menge des tatsächlich regelmäßig anfallenden Abfalls von bisher x l auf y l Gesamtvolumen zu erhöhen.*

   > **B** *Das Amtsgericht XY hat mich als zuständige Betreuungsbehörde zu einer erneuten Stellungnahme in Ihrer Betreuungssache aufgefordert.*

   > **C** *Zur Abklärung der noch offenstehenden Fragen möchte ich Sie bitten, sich zu den oben genannten Sprechzeiten telefonisch mit mir in Verbindung zu setzen.*
   >
   > *www.moderne-amtssprache.de, geprüft 13.02.2011*

Beispiel Werbesprache

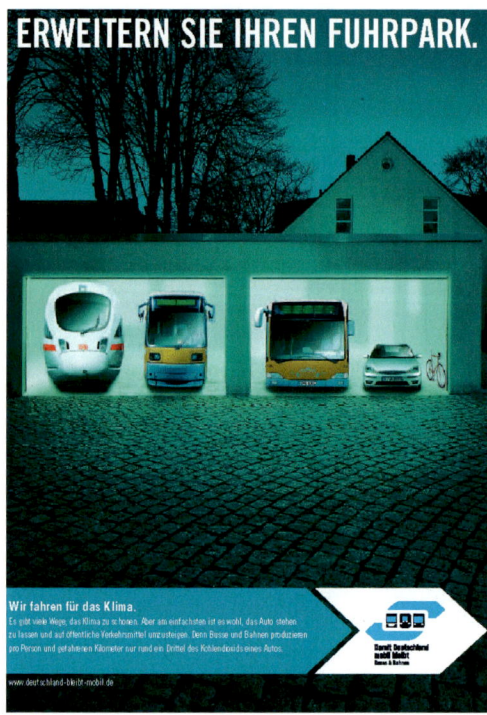

Sport tut
Deutschland gut.

BEWEG DICH!

Eine Initiative unter der Schirmherrschaft des Bundespräsidenten.

Sport
Zur Förderung
des Wohlbefindens und der guten Laune

30 Minuten Bewegung
am besten 3x wöchentlich

DEUTSCHER
SPORTBUND

Medienpartner   Diese Aktion wird unterstützt von   ratiopharm
Gute Preise. Gute Besserung.

www.dsb.de

Arbeitsanregungen

1. a) Legen Sie die beiden Werbeslogans ohne den Rest der Anzeigen verschiedenen Personen vor und bitten Sie um spontane Assoziationen und Kommentare.
   b) Schreiben Sie auf der Grundlage Ihrer Befragung jeweils einen kurzen Kommentar zu beiden Slogans.
2. Beschreiben Sie mit Hilfe der folgenden Information die ▶ Text-Bild-Relation (Seite 32) der beiden Anzeigen.
3. Bringen Sie Beispiele für besonders gelungene und besonders misslungene Text-Bild-Relationen in Werbeanzeigen mit. Stellen Sie diese Ihrer Lerngruppe vor und begründen Sie Ihre Urteile.

Nina Janich
Merkmale der Werbesprache (2010)

[…] man [ist] sich doch weitgehend einig, dass folgende Merkmale auf Werbesprache zutreffen:

- Werbesprache hat zwar besondere, als spe-
5 zifisch beschreibbare Merkmale, aber deren Besonderheit liegt mehr in ihrer Häufigkeit als in einem der Alltagssprache prinzipiell fremden Charakter. Das heißt, Werbesprache wählt ihre sprachlichen Mittel weitge-
10 hend aus der Alltagssprache aus, verwendet sie aber so häufig, dass man geneigt ist, sie als werbetypisch, wenn nicht gar als werbespezifisch aufzufassen.
- Werbesprache bedient sich auch anderer
15 Varietäten wie der Dialekte, Fachsprachen oder Jugendsprachen, um geeignete Zielgruppen anzusprechen und bestimmte Assoziationen hervorzurufen.
- Werbesprache weist auch Wortschatz und Formen des Sprachgebrauchs auf, die wer- 20 betypisch, also weitgehend auf die Werbung beschränkt sind. Sie dient aber weder der Kommunikation innerhalb eines fest umgrenzten Personenkreises noch weist sie eine soziale Abgrenzungsfunktion wie die 25 Sondersprachen auf, die bewusst esoterisch sind, um Gruppenidentifikation zu ermöglichen.
- Werbesprache ist trotz ihrer Anleihen aus der Alltagssprache und ihrer Bemühungen 30

31

um Spontanität artifiziell und auf eine ganz bestimmte Wirkung hin gestaltet. Fraglich ist, ob sie überhaupt Sprechwirklichkeit besitzt, ob wir also z. B. das, was ein Verkäufer im Verkaufsgespräch zu einem Kunden sagt, als genau die gleiche Varietät Werbesprache begreifen würden wie Texte in Anzeigen, Prospekten und Spots.

- Werbesprache greift Tendenzen der Alltagssprache auf, beeinflusst diese aber umgekehrt, indem sie neuen Wortschatz und Redewendungen liefert, die sich dann beispielsweise als Trendsprüche auf Postkarten wiederfinden (z. B. *Nicht immer, aber immer öfter; Da weiß man, was man hat; Aus Erfahrung gut; Geiz ist geil; Da werden Sie geholfen usw.*).

Manuela Baumgart fasst dies so zusammen: „Also lässt sich resümieren, dass die Sprache der Werbung keine Sondersprache im eigentlichen Sinne ist, sondern lediglich eine instrumentalisierte, zweckgerichtete und ausschließlich auf Anwendung konzipierte Sonderform der sprachlichen Verwendung darstellt, die naturgemäß eigenen Gesetzmäßigkeiten unterliegt, aber dennoch aufs engste mit der Alltagssprache verwoben ist." […]

Information   **Text-Bild-Relationen in der Werbeanzeige**

Werbeanzeigen werden heute fast immer aus bildlichen und sprachlichen Textteilen zusammengesetzt. Das Verhältnis von Texten zu Bildern variiert jedoch.
Die Sprachwissenschaftlerin Nina Janich geht von folgenden möglichen
Text-Bild-Relationen in Bezug auf die Werbebotschaft aus:

Verhältnis von Textinformation und Bildinformation

textdominante Werbung	annähernd gleiches Verhältnis von Bild- und Textinformationen	bilddominante Werbung
■ der Text steht im Vordergrund und ist an sich, also auch ohne Bild, verständlich	■ Bild und Text drücken weitgehend dasselbe aus; der Text steht wegen seines höheren Informationsgehaltes im Vordergrund (textzentrierte Werbung)	■ das Bild steht im Vordergrund und vermittelt die eigentliche Werbebotschaft
■ das Bild dient nicht der Veranschaulichung, sondern nur der Ergänzung des Textes	■ Bild und Text drücken weitgehend dasselbe aus; das Bild spielt die wichtigere Rolle und der Text erläutert und ergänzt die Bildaussage (bildzentrierte Rolle)	■ der Text erscheint meist nur als Slogan und/oder als Marken-/Produktname
■ das Bild hat keinen direkten Bezug zur Textinformation, sondern ist nur Stimmungselement (z. B. Bild eines verliebten Paars)	■ aber die Werbebotschaft ist nur durch das Miteinander von Bild und Text erkennbar	

Arbeitsanregungen

1. a) Formulieren Sie die im Text genannten Merkmale von Werbesprache als Thesen. Erörtern Sie jeweils eine dieser Thesen in einer Kleingruppe. Belegen oder widerlegen Sie die These nach Möglichkeit mit Hilfe einer Sammlung von Werbeanzeigen und Werbespots aus verschiedenen Medien, auf Grund eigener Erfahrungen oder durch andere argumentative Strategien.
   b) Diskutieren Sie im Plenum die Frage, ob Werbesprache überhaupt Sprechwirklichkeit besitzt (vgl. Zeile 33).
2. Erörtern Sie den Stellenwert, den Werbesprache in der Kommunikation von Jugendlichen hat.

Unverständliche Werbeslogans

von Mirja Pape

Der Slogan ist kurz und knapp – und er soll ein Lebensgefühl ausdrücken: Mit „live unbuttoned"[1] bewirbt der Klamotten-Hersteller Levi's seine Jeans. Wer sie trägt, kann frei und ungezwungen leben, kann er selbst sein, wollen die Marketing-Verantwortlichen damit suggerieren.

Das Problem: Die deutschen Kunden verstehen nur „Knopf". Gerade mal 15 Prozent der Befragten konnten den Slogan sinngemäß übersetzen, die anderen fühlten sich durch ihn zu einem „Leben ohne Knöpfe", zu einem „Leben am Knopf" oder gar zu einem „unbekleideten Leben" aufgerufen. Das ist das Ergebnis einer Studie der Namensagentur Endmark, die untersucht hat, inwieweit englische Werbeslogans von deutschen Kunden verstanden werden.

Das Ergebnis ist kurios: Von den 1014 befragten Personen der werberelevanten Zielgruppe von 14 bis 49 Jahren in Hamburg, Köln, Leipzig und München versteht im Schnitt nur jeder Vierte die vom Werber beabsichtigte Botschaft. Und das sorgt für skurrile Übersetzungen: Den Slogan des Internetvideoanbieters YouTube[2] verstanden Teilnehmer der Studie als „Mache deinen Brotkasten selbst" oder „Füttere dich selbst". Aus dem Opel-Slogan „Explore the City Limits"[3] wurden „Explosionen an der Stadtgrenze" oder „Das Stadtlimit explodiert".

Bernd Samland überrascht das Resultat nicht. Der Chef von Endmark hat die Studie nun bereits zum dritten Mal veröffentlicht. Auch 2003 und 2006 verstand eine satte Mehrheit die aktuellen englischen Werbeslogans nicht. Der Klassiker: „Come in and find out"[4] der Parfümeriekette Douglas wurde von den Kunden als „Komm rein und finde wieder raus" interpretiert. Nach Bekanntwerden der Studie ersetzte Douglas den englischen Slogan durch einen deutschen.

Viel gelernt haben die Konzerne aus den beiden Studien allerdings nicht – zumal sie auf Anfrage oft nicht einmal selbst klar sagen konnten, wofür ihre Slogans stehen. Laut Samland war man weder bei Opel noch bei YouTube in der Lage, ihm eine Übersetzung zu liefern. Bei Braun hieß es gar, die Übersetzung des Claims „Design Desire"[5] sei eine vertrauliche Information. Kein Wunder also, dass auch die potenziellen Kunden den Werbespruch nicht verstehen.

Bleibt die Frage, ob die Konsumenten die Slogans überhaupt verstehen müssen, damit sie funktionieren. Denn tatsächlich behaupten Befürworter englischsprachiger Claims, das sei nicht notwendig. „In Einzelfällen funktioniert das, etwa wenn bewusst Bedeutungsvagheiten konstruiert werden oder der Markenname im Slogan vorkommt", sagt auch Samland. Beispiele seien etwa „Do you yahoo?"[6] oder „It's not a trick, it's a Sony"[7], da funktioniere der Slogan auch ohne ein Verständnis der Botschaft. […]

Spiegel online, 2009

1 **Levi's** 2009
2 **YouTube** 2008
3 **Opel** o. J.
4 **Parfümerie Douglas** 1996
5 **Braun Elektrogeräte** o. J.
6 **Yahoo!** 2000
7 **Sony** 2003

Arbeitsanregungen

1. a) Versuchen Sie, für die im Text genannten Slogans bzw. Claims eine angemessene Entsprechung auf Deutsch zu finden, oder paraphrasieren Sie den Inhalt in einem Satz.
   b) Nennen Sie mögliche Gründe, warum sich Marketingexperten in Deutschland für englischsprachige Slogans entscheiden, ohne auf Verständnisprobleme der Kunden einzugehen.
   c) Suchen Sie nach einem aktuellen Beispiel für einen englischsprachigen Slogan in einer Werbeanzeige und erläutern Sie die Funktion dieses Slogans.

2. In der Werbung werden auch rhetorische Figuren eingesetzt. Sie haben unterschiedliche Funktionen, z.B. Veranschaulichung, Ausdrucksverstärkung, Hervorhebung, Kontrastierung, Bewertung, Einbeziehung des Lesers usw. Bestimmen Sie für die nachfolgenden Slogans die rhetorischen Figuren.

Nr.	Slogan
1	„Campari. Was sonst?" *Campari 1980*
2	„Die beste Zeit des Tages" *Sat.1 1993*
3	„Mars macht mobil bei Arbeit, Sport und Spiel." *Mars Incorporated 1975*
4	„Viel zu gucken. Viel zu lesen. Viel zu staunen." *Gala, Gruner + Jahr 1994*
5	„200 x Media Markt, 200 x sparnünftiger." *Media Markt, Metro 2005*
6	„Einfach riesig, der Kleine" *Peugeot 1993*
7	„Persil bleibt Persil." *Henkel 1913*
8	„Ist die Katze gesund, freut sich der Mensch." *Mars Incorporated 1982*
9	„Genial einfach. Einfach genial." *Bosch 1998*
10	„Heute ein König" *König Brauerei 1990*

3. Wählen Sie eine aktuelle Werbung aus und ermitteln Sie die eingesetzten rhetorischen Figuren.
4. Werbesprache wertet semantisch auf: Analysieren Sie eine aktuelle Werbung daraufhin.

Information   **Semantische Aufwertung als sprachliches Mittel der Werbesprache**

Die Sprachwissenschaftlerin Ruth Römer versteht unter semantischer Aufwertung die Tatsache, dass „von den angebotenen Waren mit Worten gesprochen wird, die bei einem ausgewogenen Verhältnis zwischen Wort und Sache nicht gewählt würden". Sie hat die Sprache in der Anzeigenwerbung genauer untersucht und unterscheidet sechs Möglichkeiten der semantischen Aufwertung:

- **steigernde Komposition:** Die Steigerung erfolgt durch den Einsatz von steigernden Vorsilben, Substantiven oder Adjektiven, z.B.: feingeräuchert, Verwöhnaroma, Traumrasur, Spitzenkaffee, hochmodern, Markenbutter, Mikrofasertuch, ultrafein.
- **Entkonkretisierung:** An die Stelle von konkreten Produktbezeichnungen treten Abstrakta oder andere Konkreta mit höherem Eindruckswert, z.B.: Haarwaschmittel wird zu Haarpflege, Zahnpasta zu Zahncreme oder Zahnkosmetik.
- **aufwertende Appellative:** Es werden Wörter ausgewählt, die eine größere Ausdehnung, Wirkung oder Leistung versprechen, z.B.: Waschsalon statt Wäscherei, Blumen-Studio statt Blumenladen, Hautaktivator statt Hautpflegemittel.
- **Benennung mit Hochwörtern:** Die Produkte werden mit Wörtern bezeichnet, die positive Assoziationen hervorrufen, z.B.: Krone (Zigaretten), Sir (Kosmetika), Pushkin (Wodka).
- **Charakterisierung durch aufwertende oder superlativische Adjektive:** „AEG – Aus Erfahrung gut"; „Vollkommener Genuss" (Efes Pilsener).
- **Superlativ und Komparativ:** Die Superlativwerbung kann erreicht werden durch
  – den grammatischen Superlativ („Das beste Persil aller Zeiten"),
  – den Elativ/den absoluten Superlativ („Giotto – Knabbergenuss auf höchstem Niveau"),
  – den bestimmten Artikel („Fanta, die klare Erfrischung"),
  – sinngemäß superlativische Ausdrücke („König Pilsener – Das König der Biere"),
  – den Komparativ („Kabel Digital – Endlich besseres Fernsehen").

1.4 Migration und Sprachgebrauch

Yasemin, Ayse und Tuba

Wir vergessen nicht, dass wir Türken sind

YASEMIN: Unsere Mutter spricht wenig Deutsch, aber sie versteht viel. Der Vater spricht beides. Ayse kann beides, ich kann besser Deutsch. Ich habe sehr schlechte Aussprache in Türkisch. Ich packe das nicht, Türkisch zu reden.

AYSE: Mit Papa haben wir immer deutsch geredet. Er kann gut Deutsch. Er kann seine Probleme sagen, er kann sich super definieren. Meine Mutter nicht, sie habe ja nicht gearbeitet, sie war immer zu Hause.

YASEMIN: Wir sind zwar mit der türkischen Sprache aufgewachsen, aber eigentlich sind wir mehr deutsch erzogen. Ich meine, unsere Muttersprache ist Türkisch, aber wir sind mehr an Deutschland gewohnt, weil wir hier aufgewachsen sind.

AYSE: Bei Yasemin wäre es ein Problem, in der Türkei zu leben, wegen der Sprache. Bei mir wäre es kein Problem.

YASEMIN: Für mich wäre es wirklich ein Problem. Ganz andere Umgebung, und die Sprache eben. Ich verstehe ja das Türkische, bloß das Sprechen kriege ich nicht so hin.

Bauerntürkisch – feines Türkisch

AYSE: Beim Türkischen ist es genauso wie mit Schwäbisch und dem Deutschen. Es gibt so ein richtiges Bauerntürkisch, und es gibt ein feines Türkisch. Was ich rede, ist das feine Türkisch.

YASEMIN: Haha, und ich rede das Bauerntürkisch.

AYSE: Stimmt, bisschen bauernhaft. Mama hat auch das feine Türkisch. Mein Bruder hat das Bauerntürkisch. Es ist so: Wenn man unter Freunden ist – ich z. B. habe mehr türkische Freundinnen –, dann ist das halt so, dass es angenehmer ist, wenn ich ein feineres Türkisch habe. Ist halt so. Meine Mutter kommt halt aus der feineren Umgebung, wo sie immer fein geschwätzt haben.

YASEMIN: Unsere Freundeskreise sind immer Ausländer, wir haben keine Deutschen.

Außer Claudia. Die ist in meiner Klasse und wohnt auch hier gegenüber.

YASEMIN: Da fühlt man sich echt beschissen, wenn man so ein Scheißtürkisch hat! Ich fühle mich nicht gut, wenn andere so gut Türkisch können und ich nicht. Dann rede ich lieber deutsch. Ich wechsele immer die Sprache. Wenn meine Schwester mich auf Türkisch anredet, antworte ich meistens auf Deutsch. Ein Mädchen, die zu Besuch hier war aus der Türkei, hat zu mir gesagt: Man hört aber, dass dein Türkisch sehr schlecht ist! Ich stand da – oh, das war peinlich! Es wäre schön, wenn ich besser Türkisch reden könnte, aber ich kriege es nicht hin. Echt peinlich. Stellen Sie sich doch mal vor, Sie sind Deutsche und können noch nicht mal richtig deutsch reden!

TUBA: Obwohl wir hier mit Türken zusammen sind, reden wir trotzdem deutsch mit denen. Mit so ganz nebenbei ein paar türkischen Brocken zwischendrin. Wir reden halt nur das Geheimnisvolle auf Türkisch!

YASEMIN: Oder über Jungs reden wir auch oft türkisch. Über deutsche Jungs. Wenn man gerade am Lästern ist, dann ist das Türkische gut!

TUBA: Es ist perfekt! Schlecht ist halt nur, wenn auch Türken dabei sind. Dann geht das nicht. Aber ein großer Vorteil ist es auf jeden Fall.

Wir können mehr Fremdsprachen als andere

YASEMIN: Natürlich ist es ein Vorteil!

AYSE: Es ist einfach immer ein Vorteil. Es ist ein Vorteil, wenn türkische Patienten zu mir in die Praxis kommen. Da kann ich übersetzen. Das ist alles nur zum Guten!

TUBA: Es ist überall im Berufsleben von Vorteil. Weil, die wollen doch immer in den Zeitungen, dass auf jeden Fall eine Fremdsprache da ist.

YASEMIN: Man lernt ja in der Schule auch noch Fremdsprachen, und da haben wir zwei oder drei Fremdsprachen! Schließlich können wir auch noch andere Sprachen – wir haben mehr!

Arbeitsanregungen

1. Ayse, Yasemin, ihre Mutter, ihr Vater: Sammeln Sie die Informationen, die das Interview zur Sprachkompetenz und Sprachverwendung dieser Familienmitglieder gibt, in einem Schaubild. Stellen Sie auch die (sprachlichen) Beziehungen zwischen den Personen grafisch dar.
2. Erörtern Sie die Aussage, dass Türkischkenntnisse im Berufsleben von Vorteil sind. Bedenken Sie dabei möglichst viele verschiedene Berufssparten.
3. Tauschen Sie sich in kleinen Gesprächsrunden über eigene Erfahrungen zum Thema „Migration und Sprachgebrauch" aus. Protokollieren Sie wichtige Ergebnisse Ihres Gesprächs in Form von Zitaten oder Statements und sammeln Sie diese auf einer Wandzeitung.
4. a) Führen Sie ▶ Interviews (Seite 10 f.) mit Mitschülern oder Mitschülerinnen oder anderen Ihnen bekannten Personen durch, die einen Migrationshintergrund haben. Befragen Sie diese über ihre Erfahrungen mit Mehrsprachigkeit. Wenn Sie selbst zwei- oder mehrsprachig aufgewachsen sind bzw. leben, könnten Sie z. B. ein (älteres) Familienmitglied interviewen.
   b) Wählen und realisieren Sie eine angemessene Präsentationsform für Ihre Interview-Ergebnisse.

Sigrid Luchtenberg

Zum Umgang mit Mehrsprachigkeit
– Die Rolle der Medien (2008)

Den Medien wird gerade in der globalisierten Welt eine äußerst bedeutende Rolle zugeschrieben, da viele Informationen ausschließlich medial vermittelt werden, sodass bereits
5 durch Auswahl und Intensität der Berichterstattung auch Einfluss auf die Meinungen und Einstellungen der Konsumenten und Konsumentinnen genommen wird, ebenso wie durch das Zusammenspiel von Sprache und
10 Bildern.
Akzeptanz von Migrationsmehrsprachigkeit kann an verschiedenen Erscheinungsformen festgemacht werden:
• Sprachverwendung in den Medien
15 • Art der Berichterstattung über Sprachen und ihre Sprecher/innen
• Verbindung von Sprache und Integration
Insgesamt ist der Anteil von Sendungen oder Artikeln, die Migrationsmehrsprachigkeit in
20 irgendeiner Weise zum Thema haben, sehr gering, auch im Verhältnis zu Sendungen oder Artikeln, die dem Multikulturalismusdiskurs zugerechnet werden können, sich also mit Einwanderung, ethnischer Vielfalt, Religio-
25 nen wie Islam, Rassismus oder Integration befassen.
So ergab eine systematische Auswertung von Süddeutscher Zeitung und Leipziger Volkszeitung unter Hinzunahme von Artikeln aus
30 Frankfurter Allgemeine Zeitung (FAZ) und Frankfurter Rundschau, Bild und Zeit vom 13. bis 19. Dezember 2004 folgendes Ergebnis: Dem Multikulturalismusdiskurs können insgesamt 129 Artikel zugerechnet werden, aber davon befassen sich nur zehn Artikel – im
35 Allgemeinen neben anderen Aspekten – mit Sprache und darunter auch Migrationsmehrsprachigkeit. Ein deutlicher Schwerpunkt liegt allerdings in allen Beiträgen auf dem Erlernen der Landessprache.
40 Auf Grund der weitgehenden Einsprachigkeit in den deutschen Medien fallen Sendungen im Fernsehen und Texte in den Printmedien besonders auf, in denen andere Sprachen genutzt werden. Ein Beispiel war das Titelblatt
45 des Zeit-Magazins vom 12. Dezember 1997, das bis auf den Titel „Ein Magazin von und über Türken in Deutschland" nur türkischen Text aufwies.
Weitere Beispiele sind die Kindersendung Die
50 Maus ebenso wie die Serie Die Lindenstraße. In beiden wird der Titel der Sendung in wechselnden Sprachen gezeigt.
Auch in einigen „Kommissariaten" der Tatort-Reihe (wie auch in einigen weiteren Krimi-
55 Reihen) finden sich Akteure (meist Kommissare) nicht deutscher Herkunft. Insbesondere in der Münchner Reihe, in der der aus Kroatien stammende Kommissar Ivo Batic agiert, spielt diese Herkunft gelegentlich eine Rolle,
60 was durch die Zweisprachigkeit betont wird, wenn der Münchner Kommissar seine kroatischen Sprachkenntnisse bei passender Gelegenheit nutzt. Außerdem reagiert er – zum Teil

65 heftig – auf Falschaussprache seines Namens wie auch auf Irritationen bis hin zu Ablehnung, die dieser gelegentlich hervorruft. [...]

- Für die Akzeptanz von Migrationsmehrsprachigkeit ist nicht nur die Präsenz der Sprachen relevant, sondern vor allem, wie sie und ihre Rolle im deutschsprachigen Alltag dargestellt werden.
- Es zeigt sich ein geringes mediales Interesse an Migrantensprachen und eine zunehmende Verlagerung der Diskussion auf die Notwendigkeit der Deutschkenntnisse als Voraussetzung von Integration.
- In Schulen tritt die Mehrsprachigkeit besonders deutlich, weil konzentriert, auf, führt allerdings zu sehr unterschiedlichen Reaktionen. Diese reichen von völliger Ablehnung bis zu Akzeptanz durch Tolerieren und Beschäftigung mit den Sprachen und zeigen sogar ihre Integration in das Schulleben und den Unterricht. [...]

Arbeitsanregungen

1. a) Welche Sendungen oder Beiträge in den verschiedenen Medien fallen Ihnen spontan ein, in denen Mehrsprachigkeit eine Rolle spielt?
   b) Sehen Sie die Position des Textes darin eher bestätigt oder eher widerlegt?
2. Sammeln Sie in einem Brainstorming Ideen, wie eine positive Haltung gegenüber der Mehrsprachigkeit in den Medien stärker gefördert werden könnte.
3. a) Tragen Sie möglichst viele Informationen zum Thema „Mehrsprachigkeit in unserer Schule" zusammen. Strukturieren Sie die Informationen, indem Sie sie verschiedenen Aspekten (Oberbegriffen) zuordnen.
   b) Schreiben Sie auf dieser Grundlage eine Reportage zu dem genannten Thema für die Schülerzeitung oder die Homepage Ihrer Schule. Sie können ggf. auch die Ergebnisse Ihrer Interviews (Seite 36, Aufgabe 4) zur Bereicherung Ihrer Reportage nutzen.

Information   Sprachvarietäten

Mit dem Begriff ▶ Sprachvarietäten werden verschiedene Varianten, Gebrauchsweisen einer Sprache bezeichnet (siehe auch Seite 15 sowie Seite 17). Solche Varianten gibt es vor allem

- durch Unterschiede zwischen der geschriebenen und der gesprochenen Sprache,
- in Form der Dialekte und Mundarten in verschiedenen Regionen des deutschsprachigen Raums,
- in Form zahlreicher Fachsprachen,
- durch unterschiedliche Sprachverwendung je nach sozialer Gruppe oder sozialer Situation (Soziolekte),
- durch die – unter dem Einfluss der eigenen Muttersprache – von den Regeln abweichende Sprachverwendung von Sprechern, für die die Sprache eine Zweitsprache ist (Ethnolekte).

In der Forschung wird außerdem diskutiert, inwieweit es geschlechtsbezogene Varietäten („Frauensprache", „Männersprache") und altersbezogene Varietäten („Jugendsprache") gibt.

Regionale, soziale, situative und weitere besondere, ggf. auch ethnische Merkmale verbinden sich in jedem einzelnen Sprecher zu einer individuellen Sprechweise (Idiolekt).

Arbeitsanregungen

1. Erweitern Sie den Informationskasten zu einem längeren Artikel unter dem Titel: „Die innere Mehrsprachigkeit des Deutschen". Nutzen Sie dazu Ihre Ergebnisse aus der Arbeit mit den Aufgabenstellungen des vorangegangenen Kapitels B 1.1.

2. Verdeutlichen Sie in einem Poster Ihre eigene „innere Mehrsprachigkeit": Kleben Sie, wie im Beispiel unten vorgeschlagen, ein Bild von sich in die Mitte des Posters. Zeichnen Sie, von diesem Bild ausgehend, mehre-

re Sprechblasen. Füllen Sie diese mit Beschreibungen oder Beispielen von den Sprachvarietäten, die Sie selbst in unterschiedlichen Situationen benutzen. Charakterisieren Sie in einer Sprechblase zusammenfassend Ihren „Ideolekt".

2 Medialität von Sprache – Sprache und Medien

2.1 Geschriebene und gesprochene Sprache

Der Dichter Hans Magnus Enzensberger (geb. 1929), seit Veröffentlichung des Bandes „verteidigung der wölfe" (1957) einer der wichtigsten deutschen Lyriker, Mitbegründer und erster Redakteur der politischen Kulturzeitschrift „Kursbuch" (ab 1965) und Autor des „Baukastens zu einer Theorie der Medien" (1970), benutzt das Pseudonym Andreas Thalmayr. Unter diesem Namen veröffentlichte er mehrere Lyrik-Anthologien, z. B. „Das Wasserzeichen der Poesie" (1985), außerdem Jugendbücher wie „Lyrik nervt! Erste Hilfe für gestresste Leser" (2004).

Andreas Thalmayr

Handy-Talk – Von der gesprochenen zur geschriebenen Sprache (2005)

Strenggenommen gibt es für jede alphabetisierte Sprache mindestens zwei Grammatiken, die sich stark voneinander unterscheiden. Das mündliche Deutsch, das wir jeden
5 Tag gebrauchen, folgt ganz anderen Regeln als das geschriebene, von dem die Lehrbücher handeln. (Kann man die gesprochene Rede überhaupt mit den Mitteln der Grammatik hinreichend genau beschreiben? Man kann,
10 und für eine ganze Reihe von Dialekten ist das auch geschehen. Allerdings war die traditionelle Sprachwissenschaft jahrhundertelang aufs Schriftliche fixiert.)

Wie leicht fällt es uns, zwischen mündlicher und geschriebener Sprache hin- und herzu- 15 wechseln! Wir merken es kaum, wie verschieden diese beiden Codes sind. Erst wenn wir versuchen, einen gesprochenen Text zu transkribieren, tut sich ein Abgrund auf. Je genauer das Protokoll, desto sonderbarer mutet es 20 an. Einerseits ist das Gerede voller Redundanzen. Das, worauf wir Wert legen, wiederholen wir hemmungslos, ohne es zu merken. Allerhand Füllsel mischen sich ein. Der Text ist voller *Ähs*, voller abgebrochener Sätze (*Anako-* 25 *luthe*): das reinste Gestammel! Andererseits sprechen wir nur die Hälfte von dem aus, was wir meinen; die andere bleibt ungesagt, weil sie sich „von selbst versteht", weil der andere errät, was wir denken (*Präsuppositionen und* 30

Implikationen), weil wir es durch unsere Miene, unsern Tonfall, unsere Gestik ausdrücken, weil wir uns den Luxus leisten, alles mögliche auszulassen *(Ellipse)*. Manches ist
35 fast unverständlich, wenn es uns schwarz auf weiß vor die Augen kommt.

Aber die „falsche" Grammatik, der wir uns anvertrauen, wenn wir reden, ist ganz und gar nicht falsch, nur radikal anders. Wer, wie der-
40 einst Theodor W. Adorno, immer nur in korrekten, druckreifen Sätzen spricht, verblüfft zwar seine Zuhörer, wirkt jedoch eher wie ein Wundertier.

Die Probe aufs Exempel liefert jedes beliebige
45 Telephongespräch, wie man es heutzutage, dem sogenannten Handy sei Dank, auf offener Straße belauschen kann:

Da hat er mir dann einfach, du kennst ihn ja,
50 also als wär nix gewesen, fängt er an, wie er mich vermißt hat, ausgerechnet, nach alldem, was der Typ sich geleistet hat, ich denke, der spinnt ja, auf so was falle ich schon lang nicht mehr herein, und da will mir der
55 Scheißkerl weismachen, du redest dir das alles bloß ein, sagt er, und dann behauptet er glatt, so war's überhaupt nicht, und ich natürlich, da ist man sprachlos, was sagt man in so einem Fall, gut, sage ich, meinetwegen, dann
60 eben nicht, aber die andere Geschichte, die mit der Mara, dieser Schlampe, gib dir keine Mühe, ich weiß alles, du hast mit ihr im Büro, und er, entschuldige mal, welche Mara? So was von scheinheilig, du wirst schon sehen,
65 sage ich, was passiert, ich mach das nicht länger mit, also ich kann dir sagen, mir hat's gereicht, verstehst du? Was? Ja natürlich rege ich mich auf, ha, was glaubst du denn, dich möchte ich sehen, wenn dir einer so kommt,
70 jetzt gibt's nur noch eins, hab ich gesagt, zum Anwalt und fertig, nicht daß der sich einbildet, mit mir kann er alles machen, da hättest du

ihn aber hören sollen, erst brüllt er mich an, ich denke schon, jetzt dreht er ganz durch, Moment mal, ich stecke mir nur schnell eine an, immer verschwinden diese Feuerzeuge, 75 entschuldige, bist du noch dran? [...]

Eine solche Unterhaltung vom Tonband in normales Schriftdeutsch zu übertragen ist keine Kleinigkeit. Mit Sicherheit käme dabei ein 80 völlig anderer Text, das heißt aber auch ein völlig anderer Sinn heraus.

Andererseits geht die Mündlichkeit auch im druckreifsten aller geschriebenen Texte nie ganz unter. Dieser gesprochene Rest verbirgt 85 sich im Tonfall des Verfassers, der auch die stille Lektüre unüberhörbar steuert. Von der Schulgrammatik wird diese zentrale stilistische Kategorie meist recht stiefmütterlich behandelt. Das liegt vermutlich daran, daß es 90 extrem schwerfällt, sie formal zu beschreiben. Aus dem gleichen Grund fällt ein Epigone, der versucht, den Tonfall seines Meisters nachzuahmen, so gut wie immer auf die Schnauze. Der Literaturwissenschaftler kann zwar den 95 Satzrhythmus eines Autors analysieren und seine Prosodie untersuchen; doch stößt seine Methode ebenso an ihre Grenzen wie die des Nachtreters oder des Parodisten. Ein trainiertes Ohr ist in der Lage, Nuancen zu unter- 100 scheiden, die der Wissenschaft unzugänglich sind. An ihnen entscheidet sich, ob die Stimme des Erzählers den Leser gefangennimmt und ob eine Gedichtzeile sich dem Gedächtnis einschreibt oder nicht. 105

Aber die Intonation ist keineswegs nur eine stilistische Frage. Nicht jeder von uns ist in der Lage, das, was auf der gedruckten Seite steht, anderen angemessen vorzulesen. (Oft schlafen die Zuhörer schon nach ein paar Minuten 110 ein, und das ist kein Zufall; denn es ist und bleibt eine heikle Sache, den toten Lettern Leben einzuflößen.) R

Arbeitsanregungen

1. Geben Sie die zentrale These des Autors mit eigenen Worten wieder. Dabei können Sie Fachbegriffe aus dem Text übernehmen.

2. Der Autor verwendet in seinem Text eine ganze Reihe von Fachbegriffen, die zum großen Teil kursiv gesetzt sind.

   a) Stellen Sie diese Begriffe in einem ▸ Glossar (i. e. ein Wörterverzeichnis mit Erklärungen und ggf. Beispielen) zusammen. Nehmen Sie zusätzlich die Begriffe „Code" (Zeile 17), „Redundanz" (Zeile 21) „Prosodie" (Zeile 96) und „Intonation" (Zeile 105) in Ihr Glossar auf.

   b) Ordnen Sie einigen Begriffen aus Ihrem Glossar Beispiele aus der telefonischen Äußerung zu, die Thalmayr in seinem Text wiedergibt.

Fachbegriff	Beispiel aus dem Text
Anakoluth	Da hat er mir dann einfach, du kennst ihn ja, also als wär nix gewesen, fängt er an, wie er mich vermißt hat,…
Redundanz	…
Merkmal der gesprochenen Sprache	Beispiel im Telefongespräch
Parataxe	…
Sprecherleichterungen (z. B. Kontraktionen/ Zusamenziehen von Wörtern)	

3. a) Nutzen Sie die folgende Tabelle mit ▸ Merkmalen der gesprochenen und geschriebenen Sprache (Seite 41), um in der von Thalmayr wiedergegebenen telefonischen Äußerung weitere Merkmale der gesprochenen Sprache nachzuweisen.

   b) Weisen Sie in den Ausführungen von Thalmayr selbst Merkmale der geschriebenen Sprache nach. Konzentrieren Sie sich zunächst auf die Konjunktionen. Stellen Sie diese auf einem gesonderten Blatt in einer Tabelle zusammen und geben Sie Belegstellen an.

Konjunktionen/Adverbien	… bei Thalmayr	… im Telefongespräch
gleichordnende Konjunktionen: und …		
unterordnende Konjunktionen: wenn weil …	Zeile 17	
Adverbien: allerdings einerseits … andererseits …	Zeile 11	

   c) Überprüfen Sie die Vielfalt der Konjunktionen und satzverknüpfenden Adverbien, die Thalmayr verwendet:
   - Vergleichen Sie sie mit den Konjunktionen, die in der telefonischen Äußerung verwendet werden. Umkreisen Sie in der Spalte „… im Telefongespräch" Konjunktionen, die auch im Text verwendet sind.
   - Konjunktionen können genutzt werden, um Aussagen aneinanderzureihen (z. B. mit der Konjunktion „und") oder um logische Bezüge zwischen Sätzen herzustellen. Prüfen Sie, inwiefern sich der Telefontext und die Ausführungen von Thalmayr in dieser Hinsicht unterscheiden, und diskutieren Sie die Wirkung der unterschiedlichen Verwendung von Konjunktionen und satzverknüpfenden Adverbien.

4. Thalmayr verwendet in seinem Text an einigen Stellen umgangssprachliche Formulierungen in Kombination mit hochsprachlichen (vgl. z. B. „ *... fällt ein Epigone, der versucht, den Tonfall seines Meisters nachzuahmen, so gut wie immer auf die Schnauze*", Zeile 91–93). Welche stilistische Wirkung ergibt sich durch diese Zusammenstellung?

Information

Merkmale der gesprochenen und geschriebenen Sprache (2010)
nach Heinrich Löffler

Gesprochene Sprache	Geschriebene Sprache
Syntaktische Merkmale (Satzebene):	*Syntaktische Merkmale (Satzebene):*
● häufige Parataxe ● Pausen und Wiederholungen ● Konstruktionsbrüche	Die Sätze sind länger, deutlicher gegeneinander abgegrenzt, **grammatisch „wohlgeformt"** und sie entsprechen den kodifizierten Regeln der Schulgrammatik. **Grammatische Variationsmöglichkeiten (Stil)** werden bewusst gebraucht. **Hypotaxen** (Satzgefüge) sind länger als in der gesprochenen Sprache. Nominalstil: komplexe Attribut-Gruppen und erweiterte Infinitivkonstruktionen sind häufiger als im Mündlichen. Die **Wortstellung ist festgelegter**: Die Verb-Endstellung in Nebensätzen wird eingehalten. Die Extraposition (Herausstellung) von Satzteilen dient zur Betonung und Hervorhebung.
Lexikalische Merkmale (Wortebene):	*Lexikalische Merkmale (Wortebene):*
● reduzierter Wortschatz ● viele Abtönungen	Es werden **typische Papierwörter** verwendet wie: entzwei, obgleich, bekommen, senden, empfangen etc. **Fachwörter** und Verwaltungswörter kommen vor: Anschlussstelle (für Autobahnausfahrt), Postwertzeichengeber (Briefmarkenautomat) [...]
Morphologische Merkmale *(Ebene der grammatischen Formen):*	*Morphologische Merkmale* *(Ebene der grammatischen Formen):*
phonetische (die Lautbildung betreffende) Sprecherleichterungen und Verschleifungen (Schnellsprech-Regeln, sogenannte „Allegro-Regeln")	Die Palette der möglichen **Temporalformen** wird ausgeschöpft. **Konjunktive** und eine Vielfalt an Konjunktionen werden verwendet.
Sonstige Merkmale:	
● thematische Steuerung sprunghaft, nicht linear ● nonverbale Mittel anstelle der verbalen Äußerungen ● häufigere Verwendung von Dialekt oder Merkmalen einer regionalen **Umgangssprache**	

Hajo Diekmannshenke

Chatkommunikation: Tippen, wie der Schnabel gewachsen ist? (2007)

[...] Neben der fehlenden Formalität der meisten [...] Chats spielt vor allem die Schnelligkeit des Chatgeschehens eine wichtige Rolle. So ähneln diese Chats kommunikationsstrate-
5 gisch Alltagsgesprächen, in denen die jeweiligen sozialen Beziehungen und Aktivitäten im Vordergrund stehen und die Kommunikation synchron erfolgt. Dementsprechend können diese Chats als konzeptionell hochgradig
10 mündlich [...] angesehen werden, hier jedoch von „getippten Gesprächen" zu reden, wie dies gelegentlich in der Literatur geschehen ist, trifft nicht zu. So entfällt z. B. die Möglichkeit simultanen Sprechens ebenso wie einige
15 weitere wesentliche Charakteristika von Gesprächen [nicht zu finden sind]. Auffällig ist allerdings die von den Chattern/Chaterinnen bewusst gewählte Nähe zur Mündlichkeit. Man könnte deshalb auch von einer insze-
20 nierten Mündlichkeit sprechen.
Will man diese zwar schriftlich realisierten, konzeptionell aber eher mündlichen Texte beurteilen, so können die Normen und Konventionen, die üblicherweise für Texte gelten, nur
25 bedingt als Maßstab fungieren. Vorrangiges Ziel der jeweiligen Chatbeiträge ist die Initiie-
rung und Aufrechterhaltung der Kommunikation und darüber hinaus der jeweiligen sozialen Beziehung. Anders als im klassischen Alltagsgespräch findet diese Kommunikation 30 jedoch im rein virtuellen Chatroom statt, in dem zugleich weitere Chatter/innen agieren. Anders als in der Face-to-Face-Situation wird die Adressierung nicht durch nonverbale Mittel wie körperliche Zuwendung zum Gegen- 35 über, Blickkontakt usw. unterstützt, sondern muss explizit mit sprachlichen Mitteln erfolgen. Zudem kommt es in Chats, in denen viele Chatter/innen gleichzeitig aktiv sind, zu einem Auseinanderreißen der einzelnen Dia- 40 logparts durch die übrigen, ebenfalls auf den Monitor ausgegebenen Chatbeiträge der anderen Teilnehmer/innen. Um dieses Auseinanderreißen, welches das Aufrechterhalten der Kommunikation erschwert, raum-zeitlich 45 nicht zu weit gehen zu lassen, versuchen die Chatter/innen, möglichst schnell auf den Beitrag des jeweiligen Chatpartners bzw. der Chatpartnerin zu reagieren. Vor diesem Hintergrund wird es offensichtlich, dass Klein- 50 schreibung und eine große Toleranz gegenüber Verstößen gegen Orthografienormen diesem kommunikativen Ziel untergeordnet werden. Auch Personen, denen zweifellos orthografische Kompetenz unterstellt werden 55 kann, unterlaufen Tippfehler [...].

Arbeitsanregungen

1. Stellen Sie die vom Autor dargestellten Gesichtspunkte des Chattens in einem Cluster zusammen.
2. Erklären Sie mit Hilfe des Clusters, was der Autor unter der „inszenierten Mündlichkeit" des Chattens versteht.

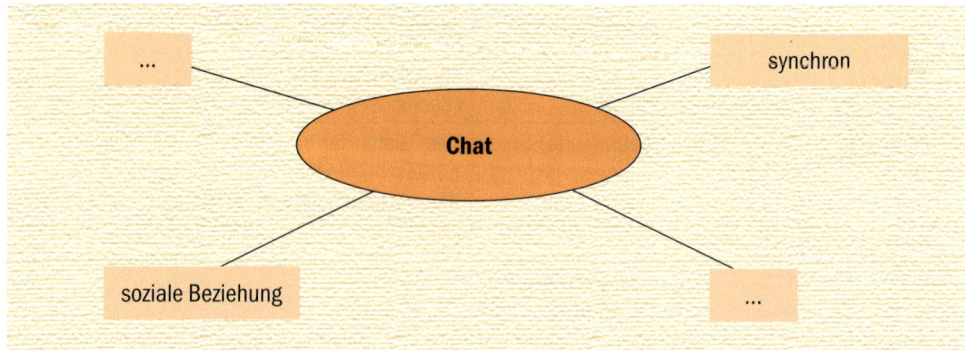

3. Dokumentieren Sie einige Chatpassagen aus dem Internet und stellen Sie diese im Kurs vor, indem Sie die von Hajo Diekmannshenke entwickelten analytischen Begriffe zur Kommentierung nutzen.

2.2 Medien – Motor des Sprachwandels?

Ich geh Schule

Fernseh-Talkshows – Die Veränderung grammatischer Regeln (2006)
von Wolfgang Krischke

„Die Sprache von meine Vorfahr war mehr komplizierter wie heut." So etwa klingt das Hochdeutsch der Zukunft. Das besagt die Prognose von Uwe Hinrichs, Linguistikprofessor[1] an der Universität Leipzig. Danach wird die Sprache Kleists und Manns in wenigen Jahrzehnten die meisten ihrer Wortendungen verloren haben, komplizierte Flexionen[2] sind bis dahin verschwunden, viele Grammatikregeln radikal vereinfacht. Der Sprachwissenschaftler hat jahrelang aufmerksam dem medialen Umgangsdeutsch gelauscht, wie es in Talkshows, Politmagazinen oder Sportsendungen von Moderatoren und Interviewpartnern gesprochen wird. Da sind die Aussichten „für die nächste Jahren" nicht so gut, man „ratet ab", zieht Bilanz „über die Arbeit", setzt jemanden „auf freiem Fuß", ist „mehr aufgeregt" als sonst und möchte „der Rest des Problems ein andermal besprechen".

Uwe Hinrichs sagt: „In Sendungen wie Beckmann können Sie solche Schnitzer am laufenden Band hören, quer durch die sozialen Schichten." Darauf aufmerksam gemacht, würden die meisten ihre Fehler noch erkennen. Zufällige Versprecher seien es dennoch nicht, sondern Vorboten des Neudeutschs von morgen. Hinrichs ist kein Germanist[3], sondern Spezialist für Balkansprachen. Das, meint er, schärfe seinen Blick, denn in diesen Sprachen hätten sich ähnliche Prozesse schon vollzogen.

Teilweise spiegeln die aktuellen Regelverstöße nur einen langfristigen Trend. Seit Jahrhunderten findet eine schleichende Vereinfachung der indogermanischen Sprachen statt. Schritt für Schritt wechseln sie vom „synthetischen"[4] zum „analytischen" Sprachtyp[5] über. Grammatische Bedeutungen werden zunehmend nicht mehr durch Endungen direkt im Wort ausgedrückt, sondern durch Umschreibungen und Hilfswörter: Aus dem „Haus meines Vaters" wird das „Haus von meinem Vater" und schließlich das „Haus von mein Vater". Das Englische ist hier dem Deutschen weit voraus. Dort wird der Formenverlust durch die strenger geregelte Wortstellung ausgeglichen. Sie transportiert logische und strukturelle Informationen, die vorher in den Endungen der Wörter steckten.

Massive Veränderungen müssen einer Sprache so am Ende nicht schaden. In Phasen des beschleunigten Umbruchs können aber Verwerfungen entstehen. Eine solche Übergangsperiode zeichnet sich im Deutschen ab. Der Sprachwandel, der lange Zeit kaum auffiel, gewinnt an Fahrt. Die wesentliche Triebkraft für die rapide Abschleifung der grammatischen Formen sieht Hinrichs – neben dem Einfluss des Englischen – in den vielfältigen Sprachmischungen, die das Einwanderungsland Deutschland prägen. Viele Immigranten springen zwischen einem nur bruchstückhaft gelernten Deutsch und ihrer türkischen, arabischen oder russischen Muttersprache hin und her. Entscheidend ist, dass die Verständigung funktioniert, für Feinheiten bleibt wenig Raum. In den Sprachmängeln des TV-Geplauders sieht Hinrichs die Spuren der Vermischungen und Reduktionen, die inzwischen auch außerhalb der Einwander-

---

1 **Linguistik:** Sprachwissenschaft
2 **Flexion:** Beugung von Nomen (Deklination) oder Verben (Konjugation)
3 **Germanist:** Akademiker, Fachrichtung: deutsche Sprach- und Literaturwissenschaft
4 **synthetischer Sprachtyp:** Sprache, die grammatische Beziehungen durch das Verschmelzen von Wortstämmen mit Hilfselementen (z. B. Endungen zur Kennzeichnung von Genus, Numerus und Kasus) ausdrückt
5 **analytischer Sprachtyp:** Sprache, in der grammatische Beziehungen durch eigenständige Hilfselemente (z. B. Artikel) ausgedrückt werden

75 ermilieus hoffähig geworden sind – begünstigt durch ein gesellschaftliches Klima, in dem der Hochsprache leicht der Ruch der Borniertheit[6] anhaftet.

80 Unter den Mischsprachen hat es die „Kanak-Sprak" zu Berühmtheit gebracht. Ihre Machosprüche, mit türkischen Einsprengseln und minimalistischer Grammatik versehen, werden längst in Comedy-Shows als Ethno Gags vermarktet. Formeln wie „Ultrakorregd, Alder", „Ischwör" (Ich schwöre), „Lan" (Kumpel) oder die Drohung „Ich mach dich Messer" sind bei einem Publikum populär, das den Migrantenalltag nur aus dem Fernsehen kennt.

DIE ZEIT, 29. 6. 2006

6 **Borniertheit:** Unbelehrbarkeit, Engstirnigkeit

Arbeitsanregungen

1. Welche Thesen vertritt der Autor? Markieren Sie im Text sechs bis acht zentrale Aussagen und stellen Sie diese in ihrem gedanklichen Zusammenhang dar. Lösen Sie sich dabei möglichst von den Formulierungen des Autors und geben Sie die Thesen in eigenen Worten wieder.
2. Erklären Sie, inwiefern die in Zeile 16 ff. aufgeführten Formulierungen die heute gültigen Grammatikregeln verletzten.

Grammatisch falsche Formulierung	Grammatisch richtige Formulierung	Erklärung
für die nächste Jahren	*für die nächsten Jahre*	*falsche Flexionsendungen*
man ratet ab	...	*Konjugation wie bei einem schwachen Verb*
...	...	...

3. „Haus meines Vaters" – „Haus von meinem Vater" – „Haus von mein Vater". Machen Sie an diesem Beispiel den Wandel vom synthetischen zum analytischen Sprachtyp deutlich.

Zusatz

4. a) Der Text von Wolfgang Krischke ist in einer niveauvollen Wochenzeitung erschienen. Was zeichnet Ihrer Meinung nach den journalistischen Stil des Autors aus?
   b) Stellen Sie fest, wie der Autor am Anfang seines Textes das *Interesse seiner Leser zu wecken versucht*.
   c) Stellen Sie dar, welche Wirkung der Autor in Zeile 4 ff. durch die Verwendung einer *wissenschaftlichen Referenz* (Bezugsquelle, Gewährsmann) erzielt.
   d) Listen Sie *Beispiele* auf, mit deren Hilfe der Autor die zentralen Thesen des Textes veranschaulicht.
   e) Erklären Sie einige *Metaphern* wie „schleichende" (Zeile 36), „gewinnt an Fahrt" oder „hoffähig (Zeile 75)", mit deren Hilfe der Autor seine Aussagen ebenfalls veranschaulicht.

Internet – Die Revolution des Schreibens

von Thomas Steinfeld

Dass es mit der Kultursprache, vor allem in ihrer schriftlichen Form, nur abwärtsgehen könne, wenn die Literatur ihre Bedeutung im Schulunterricht wie im täglichen Leben verliere, scheint bislang weithin ausgemachte Sache zu sein. Den kulturkritischen Befund gibt es in zahlreichen Varianten – in Gestalt der Klage über die verlorene Bedeutung der Dichtung, aber auch in den oft aus Anekdoten abgeleiteten Beschwerden über eine Jugend, die am Computer verblödet, im Internetportal „Facebook" selbstverliebt vor sich hin stammelt, sich die Struktur von Aufsätzen und Referaten (falls es überhaupt je dazu kommt) aus dem Programm „PowerPoint" vorgeben lässt und den Rest aus irgendwelchen fremden Dateien kopiert. Darauf, dass es auch ganz anders sein könnte, verweist jetzt eine Studie der Universität Stanford in Kalifornien, bei der über einen Zeitraum von fünf Jahren die schriftliche Produktion von fast fünfzehntausend Studenten erfasst wurde.

Die Ergebnisse der „Stanford Study of Writing" widersprechen allen kulturkritischen Befunden. Tatsächlich werde mehr geschrieben als je, weit mehr, und das liege vor allem daran, dass das Internet zu einem zentralen öffentlichen Ort geworden sei, der sich nur durch geschriebene Sprache erschließe. „Ich glaube, dass wir uns mitten in einer Revolution des Schreibens befinden, wie sie nur mit der griechischen Kultur vergleichbar ist", erklärte Andrea Lunsford, die Leiterin der Studie, dem Magazin *Wired*. Mit der antiken Referenz[1] ist die Durchsetzung der Schriftsprache in der Antike gemeint. Mehr als ein Drittel aller studentischen Texte, so die Studie, werde außerhalb der Universität verfasst, davon wiederum ein großer Teil in Gestalt von E-Mails, Botschaften auf Twitter, Blogs und Chats. Allein diese Tatsache ist Zeichen eines großen gesellschaftlichen Wandels. Denn vor der Entstehung des Internets und seiner diversen Mitteilungstechniken wurde in weiten Bereichen der Bevölkerung überhaupt nicht geschrieben – und auch von Studenten nur das, was für ihr Studium notwendig war. Zur Klage über den Verlust der Briefkultur gehört auch das Wissen darum, dass die meisten Menschen höchst selten, wenn überhaupt, einen Brief schrieben.

Aber ist das Schreiben in den elektronischen Medien nicht informell und also ungestaltet, fragmentarisch[2], nicht nach den Kriterien des guten Ausdrucks geformt? Ist das nicht die Schriftsprache, in der lauter für nicht Eingeweihte unverständliche Abkürzungen und alberne Smileys verwendet werden? Abgesehen davon, dass die Kürzelsprache, wie Andrea Lunsford beobachtet hat, auf gewisse Textsorten begrenzt ist und in andere nicht eindringt, ist sie auch nicht der Maßstab für Texte im Internet schlechthin. Denn ein großer Teil dieser Texte trägt werblichen Charakter. Er wird nicht nur für den Dozenten und damit letztlich für den Papierkorb geschrieben, sondern für eine potenziell unendlich große Leserschaft, die ihrerseits auf diese Texte antwortet, wobei oft eine präzise und schnelle Reaktion erwünscht ist. Diese aber muss vorbereitet, sie muss provoziert werden. Außerdem geht es im hohen Maße um Selbstdarstellung, und das bedeutet, dass die Texte nach rhetorischen, wenn nicht sogar ästhetischen Kriterien gestaltet werden. Ja, mehr noch: Unter dem Druck, wahrgenommen werden zu müssen, haben junge Leute – und auch viele ältere – längst angefangen, sich selbst wie ein Unternehmen, als eine Art Privatsender ihrer selbst zu behandeln. Es findet hier also durchaus eine Literarisierung statt, ohne dass es dafür außerhalb des Internets eine öffentliche Wahrnehmung gäbe. Das wird ein Versäumnis sein. *Süddeutsche Zeitung, 29./30. 8. 2009*

---

1 **Referenz:** etwas, auf das verwiesen wird

2 **fragmentarisch:** bruchstückhaft

Arbeitsanregungen

1. a) Formulieren Sie eine Reihe von Fragen, auf die der Text von Thomas Steinfeld Antworten gibt. Setzen sie dazu die folgende Fragenliste fort.

> *Welche Äußerungen zum angeblichen Verlust der Schreibfähigkeit in Zeiten des Internets gibt es?*
> *Wie lauten die zentralen Befunde der „Stanford Study of Writing"?*
> *...*

   b) Welche Antworten gibt der Autor auf diese Fragen? Stellen Sie zentrale Thesen des Autors bzw. der „Stanford Study of Writing" dar. Achten Sie dabei darauf, den gedanklichen Zusammenhang der Thesen durch logische Verknüpfungen wie „deshalb" oder „folglich" herauszuarbeiten.

2. a) In dem Text werden Aussagen zur Entwicklung der Schriftsprache einander gegenübergestellt. Arbeiten Sie diese Gegensätze heraus, indem Sie die folgende Tabelle fortsetzen.

Positionen der Internetkritiker	Befunde der „Stanford Study of Writing"
Verlust der „Kultursprache" Es wird nur noch „gestammelt". ...	mehr Interesse an Schriftsprache ... ...

   b) Stellen Sie die antithetische Struktur von Texteinleitung und Hauptteil schriftlich dar.

Methode   **Analyse von Sachtexten**

Aspekt/Methode	In einer schriftlichen Analyse verwendbar für ...
Fragenkette (Seite 46, Aufgabe 1)	Einleitung: „In diesem Text stellt sich der Autor die folgenden Fragen: ...".
Gedankliche Rekonstruktion der zentralen Thesen und Argumente (Seite 42, Aufgabe 1 [Cluster], Seite 42, Aufgabe 2 [Markieren und Rekonstruktion]; Seite 44, Aufgabe 1)	Wiedergabe der Hauptaussagen: „Der Autor vertritt zunächst die Meinung, dass ...." „Er untermauert diese Position mit dem Argument, dass ..."
Logik des Textaufbaus (antithetisch, linear etc.; Seite 46, Aufgaben 2a + b)	Analyse der Textstruktur: „Der Autor ordnet die Aussagen antithetisch/linear fortschreitend an. Anfangs ..."
Adressatenansprache (Seite 44, Aufgabe 4b).	Analyse der Textstruktur: „Das Interesse seiner Leser weckt der Autor mit ..."
Stilanalyse (journalistischer, wissenschaftlicher Stil usw.; Seite 44, Aufgabe 49)	Analyse der Textstruktur: „In dem Text kann man typische Elemente des journalistischen Stils erkennen: ..."
Referenzen (Seite 44, Aufgabe 4c)	Analyse der Textstruktur: „Als wissenschaftliche Referenz für seine These führt der Autor ... an."
Mittel der Veranschaulichung (Seite 44, Aufgaben 4d + e)	Analyse der Textstruktur: „Der Autor veranschaulicht seine Positionen mit Hilfe von Beispielen und Metaphern; z. B. verwendet er in Zeile ..."

2.3 Alles nur eine Frage des Stils?

Dieter E. Zimmer

Internet-Geplapper – Was ist gutes Deutsch? (2007)

Der Arzt konnte mir leider nicht viel helfen. Weil er meinte schlafmittel währ nicht grad das optimalste und ich selber solche teile nicht nehmen würde. Ich bin nicht so der
5 medikamenten freak, wenn ich irgendwas hab trink ich wasser, VIEL wasser und denn sind kopfschmerzen, übelkeit, alle schmerzen irgendwie weg.

*

Obwohl das Gehäuse aus Hartplastik besteht
10 gibt sie einem das gefühl einen hochvertigen Kamara in der Hand zu haben, leider war das schon mit Pro. Negativ: was mir sehr negativ aufgefallen ist das es für eine 7,1 mpixel Kamara schlechte Fotos (verschwommene,
15 unscharfe, dunkle bereiche weil Blitz nicht ausreichend ist! aufnimmt. (die Kompression nach der aufnahme ist sehr stark das dadurch JPEG-Artefakten entstehen) Außen Hui – innen P ... [...]

*

20 Dies, beliebig aus dem Internet zitiert, halte ich für schlechtes Deutsch. Es ist auf eine elementare Weise schlecht. Redigierte[1] man diesen privaten und so gut wie anonymen, aber immerhin für die Öffentlichkeit bestimmten
25 Äußerungen alles weg, was die Leute am ehesten für schlechtes Deutsch halten, die Schreibfehler nach alter wie nach neuer Orthografie, die Anglizismen, die Vulgarismen[2], so würde es kaum besser. Fehlervermeidung auf der
30 Wortebene – das implizite Ziel der öffentlichen Sprachkritik – ergibt noch kein gutes Deutsch. Helfen würde allenfalls eine völlige Neukonstruktion der Sätze. Diese aber wäre erst möglich, wenn erst einmal die Gedanken
35 geradegerückt würden. Ich zitiere die Beispiele hier einzig, um den Maßstab zu bestimmen. Es geht bei meiner persönlichen Vorstellung von „gutem Deutsch" überhaupt nicht um die Eleganz des Ausdrucks. Gutes Deutsch ist so
40 wenig identisch mit schönem Deutsch, wie falsches Deutsch identisch mit schlechtem ist.

Unter bestimmten Umständen finde ich auch falsches und unschönes Deutsch gut. Ich meine auch nicht, dass gutes Deutsch gehobene Gedanken benötigt oder nach sich zieht. Mei-
45 ne Ansprüche sind nicht hoch. Aber sie sind so, dass mich jenes schlechte Internet-Deutsch nicht kaltlässt. Es missbraucht die Sprache, indem es ihre expressiven und kommunikativen Möglichkeiten unterschreitet. Es ist Aus-
50 druck einer gesellschaftlichen Kommunikationsstörung. Es ist eine Volkskrankheit. Man sollte es, finde ich, nicht achselzuckend auf sich beruhen lassen. Was also wäre gutes Deutsch? [...]
55 Die wichtigste Voraussetzung für angemessenes Deutsch – und gleichzeitig sein wichtigstes Merkmal, an dem es sich erkennen lässt – ist, was ich kurzerhand „Sprachbewusstsein" nennen möchte. Ich meine damit nicht das
60 „Sprachgefühl" des Feuilletons, das die Linguistik belächelt, sondern nichts anderes als die kontrollierte Verwendung von Sprache, die Einschaltung einer bewussten Prüfinstanz zwischen Denken und Sprechen. Diese In-
65 stanz weiß, dass sich jeder Gedanke auf vielerlei Art ausdrücken lässt, sie ist sich der Sprache als Werkzeug bewusst, und zwar als außerordentlich modulationsfähiges Werkzeug, und verwendet dieses Wissen, um die
70 eigenen Gedanken, die im Gehirn als sprachlose Bedeutungswolken aufkommen, im Zuge ihrer sprachlichen Verfestigung möglichst genau kenntlich zu machen. Das Gegenteil des bewussten Sprechens ist die automatische
75 Sprachverwendung: wenn man nicht Herr seines Sprechens ist, sondern „es" aus einem spricht. Das Geplapper. [...]
Auch die Elaboriertheit[3] ist ein relatives Kriterium. Der Sprachgebrauch ist unbegrenzt ela-
80 borierbar, und zu viel Elaborierung wäre den meisten Situationen unangemessen. Niemandem stehen alle sprachlichen Mittel zur Verfügung, die seine Sprache bietet, auch dem

---

1 **redigieren:** Tätigkeit eines Redakteurs/einer Redakteurin; Verbesserung von Texten, die veröffentlicht werden sollen

2 **Vulgarismus:** vulgärer, derber und stilistisch weithin nicht akzeptierter Ausdruck

3 **Elaboriertheit:** Zustand differenzierter Ausarbeitung

Sprachgewandtesten nicht. Der aktive Wortschatz eines Menschen ist immer nur ein kleiner Ausschnitt aus seinem passiven, und dieser ist nur ein kleiner Teil des Gesamtlexikons seiner Sprache, das in seinen Außenbezirken unbestimmbar groß ist, potenziell so groß wie die Zahl der unterscheidbaren Dinge und Vorgänge der Welt. Bekanntlich wird eine unbegrenzte Zahl von Sätzen von einer begrenzten Zahl syntaktischer Regeln generiert, aber auch diese begrenzte Zahl ist hoch und steht immer nur teilweise zu Gebot. Elaboriertes, dem individuellen Denken optimal angepasstes Deutsch zu sprechen heißt: das richtige, das treffendste Wort zu kennen und in der richtigen Millisekunde in den entstehenden Satz einfügen zu können, die wörtlichen von den übertragenen Bedeutungen der Wörter zu unterscheiden, sich der historischen und sozialen Dimensionen der Worte und der Satzmuster bewusst zu sein, viele Tonfälle zu beherrschen, die Gebrauchsspuren an Begriffen und den Wörtern dafür zu erkennen und zu berücksichtigen – und auf dieser ganzen Klaviatur so souverän zu spielen, wie es einem gerade gegeben ist.

Wer Sprachbewusstsein besitzt, weiß, dass die Umschreibung mit *würde* nicht die einzige Art ist, den Konjunktiv auszudrücken. Er weiß, wann der Genitiv und wann dessen Umschreibung mit *von* angemessen ist. Er weiß, dass nach den Konjunktionen *weil* und *obwohl* die Nebensatzstellung bis vor etwa dreißig Jahren in der Schriftsprache die einzige richtige war, dass sich aber seitdem, zunächst mündlich, dann aber auch schriftlich, die Hauptsatzstellung ausbreitet – und er wird diese durchaus selber gebrauchen, wenn er seinem Satz die Markierung „wie man neuerdings sagt" geben will; er spricht dann zwar eigentlich falsches, aber gutes Deutsch. Er weiß, dass das Perfektpartizip von winken bis ebenfalls vor etwa dreißig Jahren hochsprachlich einzig gewinkt hieß und gewunken zunächst ein Scherz war, eine Analogie zu gestunken, aber wenn die Sprachgemeinschaft heute auf gewunken besteht, wird er sich dem nicht widersetzen, warum auch, in der Sprachgeschichte hat es bei der Konjugation manchen Wechsel von stark nach schwach und umgekehrt gegeben, und per se ist keine Art besser oder schlechter. [...]

Arbeitsanregungen

1. Ermitteln Sie in den beiden eingangs zitierten Internet-Texten orthografische Fehler, Zeichensetzungsfehler und Vulgarismen.
2. Wie beurteilt der Autor das „Internet-Deutsch" im ersten Abschnitt des Textes (Zeile 1 bis 19)? Geben Sie Dieter E. Zimmers Position in eigenen Worten wieder und nennen Sie die Argumente, mit denen er sein Urteil untermauert.
3. Der Autor verweigert ein Rezept für „gutes Deutsch", nennt aber einige Kriterien für eine solche Schriftform des Deutschen.
   a) Markieren Sie Schlüsselwörter des Textes, die solche Kriterien beinhalten.
   b) Geben Sie die Kriterien des Autors für „gutes Deutsch" in eigenen Worten wieder.
4. Diskutieren Sie Zimmers These, dass „gutes" Deutsch nicht unbedingt „schönes" Deutsch sein muss (Zeile 39 f.).
5. „Stil" lässt sich als eine bewusste und gezielte Nutzung und Gestaltung sprachlicher Möglichkeiten verstehen. Erörtern Sie, inwiefern man Zimmers Vorstellungen von einem „guten Deutsch" durch profilierte Schreibstile entsprechen könnte.

Verwirrender Vonitiv

Presse-Schlagzeilen mit Hintersinn

von Bastian Sick

Grammatik ist nicht jedermanns Sache, das Deklinieren schon gar nicht. Darum wird ein Fall immer beliebter: der Vonitiv. Der Name sagt Ihnen nichts? Sie kennen ihn be-
5 stimmt! Der Vonitiv ist der Tod von dem Genitiv.

Solche Schlagzeilen können einem den ganzen Tag verderben: „Mutter von vier Kindern erschlagen". Das ist doch wirklich
10 nicht zu fassen: Die Jugend wird wirklich immer brutaler! Vier Kinder rotten sich zusammen und erschlagen eine Mutter. Was um alles in der Welt hat sie nur dazu getrieben? Wessen Mutter war diese Mutter über-
15 haupt? Und was geschieht mit den vier Mörder-Kids? Fragen über Fragen.

Fragen, die man sich nicht zu stellen brauchte, wenn die Schlagzeile anders lautete, zum Beispiel: „Mutter vierer Kinder erschlagen".
20 Das setzte beim Verfasser der Zeile allerdings Kenntnisse über den Gebrauch des Genitivs voraus.

Schon folgt der nächste Schock: „Außenminister von Japan ausgeladen". Wie denn, wo
25 denn, was denn, welcher Außenminister? Doch nicht etwa unser Bundesaußenminister? Die japanische Regierung hat unseren Außenminister ausgeladen? Was haben wir denn falsch gemacht? Waren wir nicht nett
30 genug zu den Japanern? Liegt es daran, dass wir uns immer noch weigern, Walfleisch zu essen? Erst beim Lesen der Unterzeile erfährt man, dass es der japanische Außenminister ist, der ausgeladen worden ist, und
35 zwar von der chinesischen Regierung. Darauf hätte man natürlich auch gleich kommen können, wenn dort gestanden hätte: „Japans Außenminister ausgeladen" oder „Japanischer Außenminister ausgeladen".
40 Grundsätzlich ist gegen die Umschreibung des Genitivs mit Hilfe des Wörtchens „von" nichts einzuwenden. Unsere praktisch veranlagten Nachbarn, die Niederländer, haben den Genitiv schon vor Jahrhunderten
45 abgeschafft, was dazu führte, dass „van"

Rio Reiser (1950–1996, Frontmann der Band „Ton, Steine, Scherben"):
Das alles und noch viel mehr
Würd ich machen
Wenn ich König von Deutschland wär
(Refrain)

zum berühmtesten Wort der niederländischen Sprache geworden ist, gleich nach „kaas" und noch vor „strottehoofdontste-
50 king" (Kehlkopfentzündung).
Doch Umschreibungen mit „von" können zu Missverständnissen führen. So wie in diesem Beispiel vom November 2005: „Zwei Minenräumer von Schweizer Orga-
55 nisation im Sudan getötet". Nicht genug damit, dass sich die Sudanesen untereinander bekriegen, nun machen auch noch Schweizer Organisationen das Land unsicher und jagen tapfere Minenräumer in die Luft! Aus-

gerechnet die Schweizer: Erfinder der Neutralität und des Roten Kreuzes – von denen hätte man so etwas am wenigsten erwartet. Nicht weniger irritierend war jene Meldung vom Mai 2005, in der es hieß: „In Pakistan ist ein ranghohes Mitglied der Al Qaida von Osama Bin Laden gefasst worden." So mancher Leser dürfte sich gefragt haben, ob Osama Bin Laden die Seiten gewechselt habe und jetzt Jagd auf seine ehemaligen Verbündeten mache.

Bevor man sich für eine Konstruktion mit „von" entscheidet, sollte man sich vergewissern, dass sie nicht falsch interpretiert werden kann. Das Wort „von" stellt eine Beziehung zwischen zwei Wörtern her, aber nicht immer ist von vornherein klar, wie diese Beziehung aussieht. Und kompliziert – da doppeldeutig – wird es schnell, wenn ein Perfektpartizip ins Spiel kommt. Nehmen wir nur mal die Überschrift „Mörder von Susanne verurteilt". Die wirft doch ein recht seltsames Licht auf unseren Rechtsstaat. Wenigstens aber auf die Methoden der Presse. Selbst wenn bei diesem Mordprozess alles mit rechten Dingen zuging, so ist es doch unüblich, die Richterin nur mit ihrem Vornamen zu nennen. Die Feststellung, dass in Deutschland „immer weniger Autos von Polen gestohlen" werden, ist hingegen beruhigend – vor allem für die Polen, die nicht mehr um ihre Autos fürchten müssen, wenn sie die Grenze nach Deutschland überqueren.

An der Formulierung „Wenn ich König von Deutschland wär" ist nichts auszusetzen, es muss nicht „Wenn ich Deutschlands König wär" heißen. Zumal die grammatische und inhaltliche Beziehung zwischen Deutschland und König unmissverständlich ist. Aber bei der Frage „Wurde Entführung von Patrick in Italien geplant?" ist der Zusammenhang zwischen der Entführung und Patrick alles andere als eindeutig. Eindeutig wäre er im Falle von „Patricks Entführung" – im Falle des zweiten Falles also. Vielen mag der Genitiv heute altmodisch und gespreizt erscheinen. Er hat aber einen Vorzug, den man ihm nicht so leicht absprechen kann: Er sorgt für Klarheit und Unmissverständlichkeit. Ein weiteres mehrdeutiges Fundstück: „Bis heute ist noch niemand für die Ermordung von Präsident Ndadaye zur Verantwortung gezogen worden." – Kein Wunder, wie soll der Präsident jemanden zur Verantwortung ziehen können, wenn er doch gar nicht mehr lebt? Große Freude schließlich beim Lesen der letzten Schlagzeile des Tages: „Käfighaltung von Hühnern verboten". Da haben die fleißigen Eierlegerinnen und Körnerpickerinnen ihr Schicksal offenbar selbst in die Hand genommen und mutig ein Käfigverbot erlassen. George Orwells „Farm der Tiere" lässt grüßen. Heute würde man wohl sagen: „Die Farm von den Tieren".

www.spiegel-online.de → Zwiebelfisch,
27. 3. 2006, geprüft 8. 4. 2011

Arbeitsanregungen

1. Fassen Sie die zentrale These Bastian Sicks mit eigenen Worten zusammen.
2. Stellen Sie schriftlich die Argumente dar, mit denen der Autor seine These untermauert. Beziehen Sie dabei jedes Argument gedanklich auf die Bezugsthese.
3. Der Autor verwendet eine Reihe von Beispielen.
   a) Beschreiben Sie das Muster, nach dem Sick diese Beispiele für seine Darstellungsabsicht erschließt.

   > *zitierte Zeitungsüberschrift: …*
   > *Fragen zur Missverständlichkeit des „Vonitivs" …*

   b) Beurteilen Sie dieses Verfahren der sprachlichen Analyse.
4. a) Vergleichen Sie Bastian Sicks Art der Sprachkritik mit der von Dieter E. Zimmer (Seite 47 f.).
   b) Schreiben Sie eine E-Mail an Bastian Sick. Kommentieren Sie sein Verfahren, bestimmte Sprachverwendungen lächerlich zu machen. Greifen Sie dazu auf die Kriterien Dieter E. Zimmers zurück.

2.4 Medien und ihre Sprache in der Kritik

Wolf Schneider
Viel Gegackere, wenig Eier (2009)

Troja auszugraben oder die Hieroglyphen zu entziffern war ein geringes Problem, verglichen mit einem, vor das wir die Archäologen künftiger Jahrtausende stellen werden: Auf Ton- und Videobändern, auf Schallplatten und Festplatten, in Büchern und Protokollen hinterlassen wir ihnen einen Wort-Ozean, in dem selbst ein Team unerschrockener Forscher nur wird ersaufen können. Noch nie wurde auf Erden so viel Geschwafel produziert, vervielfältigt und für die Nachwelt festgehalten.

„Alles redet, nichts gerät, alles gackert, aber niemand will Eier legen." Nietzsche notierte das 1883 – und natürlich sollte uns das misstrauisch stimmen: Wenn die Klage so alt ist – wäre am Ende gar nichts Neues passiert? Doch. Die elektronische Protokollierung und Vervielfältigung hat die uralte Neigung des Menschen, sich an seinem Wortschwall zu berauschen, in die Potenz gehoben.

Der Neigung uneingeschränkt folgen konnten ja einst nur Häuptlinge, Priester, Lehrer und orientalische Märchenerzähler. Der kleine Mann hatte in der Öffentlichkeit das Maul zu halten; die Meinungen von Siebzehnjährigen wollte einfach niemand kennen lernen; und von einem griechischen Olympiasieger erwartete man keine Kommentare. Wäre er aber töricht genug gewesen, sie zu sprechen, so hätten ein paar Umstehende sie gehört – und nicht, wie heute, Millionen.

Zwar ist weithin unerforscht, nach welchem Schlüssel der liebe Gott seine irdischen Gaben auf die Menschen verteilt hat; doch alle Erfahrung spricht dafür: Der beste Redner des Parlaments ist fast immer ein Versager im Hammerwerfen und der erfolgreichste Torschütze einer Fußballmeisterschaft hat sich noch nie durch rhetorische Gaben oder profunde Einsichten ausgezeichnet. Da man doch dem Redner das Hammerwerfen erspart – warum hält man dem schweißtriefenden Außenstürmer ein Mikrophon unter die Nase? Dümmeres als sein Gestammel ward nie millionenfach verbreitet: Wer wollte Verwahrung einlegen gegen diesen Superlativ?

Es sind vor allem Radio und Fernsehen, die das Verhältnis zwischen Eiern und Gegacker dramatisch verschoben haben. Jeder Sender erzeugt einen Sog nach Wortprodukten, die Geschwätzigkeit ist sein Lebenselixier. Er braucht Ansager, Reporter, Interviewer, Talkmaster und Dampfplauderer, die keine Sekunde der Stille aufkommen lassen; und ohne die Sprachleistungen der einstigen Wortmonopolisten, der Häuptlinge, Priester und Lehrer, unnötig hochloben zu wollen, wird man festhalten dürfen: Was sie zu sagen hatten, hatte im Durchschnitt mehr Substanz, und wie sie es sagten, mehr Brillanz als das, was uns heute aus allen Lautsprechern entgegenschallt. Für das Niveau der Interviewten aber gab es bis zur Einführung des Rundfunks überhaupt kein Gegenstück.

Ist es Zufall, dass parallel dazu der Wortrausch auch auf ganz anderen Feldern überschäumt? In den Kilometern von Tonbändern, die schließlich Richard Nixon strangulierten? In der Zungendrescherei auf tausend Kongressen? In der Rock- und Popmusik, in der kaum je eine Minute ohne gesungene, gekrähte und gekeuchte Worte verstreicht, während der Wiener Walzer wie der Jazz überwiegend von wortlosen Instrumenten getragen wurden? Sind nicht viele der Texte, die uns da in die Ohren schrillen, so beschaffen, dass ihre Übertönung durch Klarinetten und Posaunen ein Beitrag zur Mehrung des Weltkulturerbes wäre?

Wer der Diagnose zustimmte, dass das elektronische Gelaber die Sprache immer penetranter und zugleich immer ärmer macht – der stünde vor der Frage: Ist dies bloß ein Seufzer über die hoffnungslos fortschreitende Schlechtigkeit der Welt oder ließe sich etwas dagegen unternehmen? Die Aufforderung „Leute, haltet endlich die Schnauze, es ist alles gesagt!" wäre ja erstens chancenlos, zweitens zu grob und drittens gegenüber einer Minderheit von Sprachprodukten noch immer ungerecht.

Eine Lösung des Problems ist nicht in Sicht. Doch eine Linderung ließe sich erzwingen,

95 die zugleich ein Akt der Rache wäre. Sie bestünde darin, dass wir das amerikanische „zap" endlich übersetzen, statt es uns als „Zappen" anzueignen, worunter wir das Hin- und Herzappeln zwischen den Programmen 100 verstehen. Amerikaner hören das Wort ganz anders; es entstammt dem Slang, ist der Gaunersprache nahe und heißt: abknallen, wegpusten, durch die Gegend ballern.

Und schon benennt das Wort nicht mehr Wankelmut und Unersättlichkeit, wie wir Zapper 105 uns das von neunmalklugen Kulturkritikern vorhalten lassen müssen, sondern einen legiti-

men Akt der Gegenwehr. Sie ballern uns die Stuben voll, die Marktschreier, die Salbaderer, die Keucher aus Werbung, Unterhaltung, Po- 110 litik und Sport – und wir haben die Macht, sie wegzupusten! Stummfilme können wir aus ihnen machen, sie zu schweigender Gestikulation verdammen oder sie unwiderruflich aus dem Bildschirm knallen. „Aktives Fernsehen" 115 also sollte man das nennen – ein Beitrag dazu, dass die Sprache uns nicht „zerschabt und zerschunden aus hundert Mäulern hängt", wie Nietzsche es einst prophezeite.

Arbeitsanregungen

1. Wolf Schneider wählt eine bildreiche Sprache, um seine Ansichten zu formulieren. Geben Sie seine Position in sachlicheren Formulierungen wieder.
2. Sammeln Sie in einer Tabelle Pro- und Kontra-Argumente zu Wolf Schneiders Position.

Themen für Referate: Zentrale Thesen der Medienkritik

Wolf Schneiders Medienkritik baut auf prominenten Vorläufern auf.
Tragen Sie Informationen zu diesen Vorläufern zusammen: Erarbeiten Sie Referate über die zentralen Thesen der modernen Medienkritik und stellen Sie die damit verbundenen Schlüsselpublikationen und deren Autoren vor.

These 1: Das Fernsehen tötet das Buch
Marshall McLuhan: The Gutenberg Galaxy. 1962

These 2: Das heutige Fernsehen dient nicht der Kommunikation, sondern ihrer Verhinderung
Hans Magnus Enzensberger: Baukasten zu einer Theorie der Medien. 1970

These 3: Elektronische Medien erzeugen ein zwanghaftes Interesse an Personen
Richard Sennett: The Fall of Public Man. 1974

These 4: Das Entertainment ist die Ideologie des Fernsehens
Neil Postman: Amusing Ourselves to Death. 1985

These 5: Die Massenmedien pflegen ihre Glaubwürdigkeit und untergraben sie zugleich
Niklas Luhmann: Die Realität der Massenmedien. 1995

Das Netz als Feind

von Adam Soboczynski

[...] Jedem, der wachen Auges durch das Internet streift, ist die antiintellektuelle Hetze in den Kommentaren vertraut, die sich gegen angeblich Sperriges richtet, gegen kühne Gedanken, gegen Bildung überhaupt. Man lese nur jene höhnischen Nutzerbeiträge, die sich als Wurmfortsatz unter einem typischen Feuilletonartikel finden. Leser mit technokratisch verschlüsselten Namen wie muehl500 beklagen regelmäßig „akademisch anmutende Wortakrobatik" und Abgehobenheit eines Artikels. Nicht den Hauch einer Berechtigung hat die Hoffnung, noch auf Leser zu stoßen, die – vielleicht gar leicht verschämt – Unverstandenes als Antrieb begreifen, ihre Bildungs- und Konzentrationsdefizite zu beheben. Ein Autor, der ein bestimmtes Niveau nicht unterschreitet, hat schlechterdings seinen Job nicht gut gemacht, sich einfach nicht durchringen können, sein Schaffen als Dienstleistung für Durchschnittskonsumenten zu begreifen.

Wir leben in einer Übergangsphase. Noch gibt es die Papierzeitung und ihr Pendant im Netz. Die Papierzeitung versammelt den politischen Skandal, Boulevardeskes[1] und das gegenwartsanalytische Feuilletonstück. Letzteres mag vergleichsweise wenig Leser finden, verleiht der Zeitung als Ganzes aber Autorität. Sie wird ernst genommen gerade auf Grund jener Beiträge, die nicht von jedem widerstandslos verdaubar sind. Das Netz jedoch kennt kein Zusammenwirken von Texten unterschiedlichen Anspruchs und Zuschnitts zum höheren Ganzen. Sie befinden sich unterschiedslos im Wettstreit um die Aufmerksamkeit des Lesers: Man gelangt auf Artikel zumeist durch die Eingabe eines Suchbegriffs, seltener aber, indem man gezielt ein bestimmtes Portal aufsucht und sich ausschließlich darin bewegt. Der Reiz des Netzes besteht in der notorischen Aufhebung der geschlossenen Form vom Internetauftritt eines Anbieters, der auf diesen Umstand wiederum reagiert, indem er Beiträge möglichst populär verschlagwortet, damit sie in der Ergebnisliste von Google weit oben auftauchen.

Attraktiv ist ein einzelner Beitrag im Internet, wenn er möglichst viele Leser findet. Attraktiv ist ein einzelner Beitrag für die Papierzeitung, wenn er ihr, im Sinne der Mischkalkulation, zu einem ansprechenden Gesamtprodukt verhilft. Die meisten von Zeitungs- und Magazinverlagen geführten Internetangebote neigen mittlerweile dazu, in bislang ungeahntem Ausmaß leicht Bekömmliches dem argumentationslastigen Stück, die Nachricht der Analyse vorzuziehen. Überschrift und Unterzeile verlangen nach einer hysterischen Zuspitzung. Indes kommt es einer Odyssee[2] gleich, sich durch das Dickicht von Links innerhalb eines Nachrichtenportals zu kämpfen, um noch Kritisches im alten Wortsinne zu finden: Artikel, die sich der Kunst filigraner[3] Beurteilung und Unterscheidung, der gewagten Infragestellung von Sachverhalten widmen. [...]

DIE ZEIT, 20. 5. 2009

1 **boulevardesk:** bunt, unterhaltsam (auf wenig hohem Niveau)

2 **Odyssee:** lang anhaltende Irrfahrt nach Art des griechischen Sagenhelden Odysseus

3 **filigran:** feingliedrig

Arbeitsanregungen

1. Über Medien wird oft geschimpft. Stellen Sie Positionen der Medienkritik, die Sie kennen, in einer Reihe von Thesen zusammen.
2. a) Formulieren Sie die zentrale These Adam Soboczynskis in eigenen Worten.
   b) Stellen Sie dar, auf welche Aspekte des Internets der Autor Bezug nimmt, um seine These zu erläutern.
3. Diskutieren Sie die Berechtigung dieser These, indem Sie auf eigene Erfahrungen im Internet zurückgreifen.

Gerd Brenner

Theatralisierung und Selbstinszenierung. Eine Medienkritik (2010)

In den Medienwelten gab es seit je einen Widerstreit zwischen aufklärerischen, vernunftbetonten Inhalten, die auf die Herstellung einer demokratischen Öffentlichkeit zielten,
5 und eher vernunftfernen, diskursfeindlichen (Selbst-)Inszenierungen der beteiligten Akteure. Es scheint so, als sei dieser Widerstreit in vielen Medien inzwischen zu Ungunsten der rationalen, auf gesellschaftliche Klärun-
10 gen zielenden Diskurse ausgegangen. Das gilt besonders auch für Medien, die junge Nutzergruppen ansprechen. Dort geht es oft nicht mehr um vernunftgesteuerte Meinungsbildung, sondern um die Selbstdarstellung mit
15 Hilfe von Äußerlichkeiten, um die man sich als jugendlicher Einzelkämpfer in medialen Konkurrenzsituationen kümmern muss.
Lothar Mikos, Professor für Fernsehwissenschaft an der Hochschule für Film und Fernse-
20 hen in Potsdam, hat diese Tendenz kürzlich anhand der Daily Talks des Fernsehens untersucht. Er hat festgestellt, dass in diesen – bei sehr vielen Jugendlichen beliebten – Fernsehformaten kaum noch *rationale Diskurse* statt-
25 finden, sondern fast nur noch *Diskurse der Betroffenheit*, die oft übersteuert wirken. Die Talk-Gäste reden kaum noch miteinander, um Sachverhalte wirklich zu klären, sondern sind vorrangig an ihrer *Selbstdarstellung* und zu-
30 nehmend auch der *Inszenierung der eigenen Privatheit* interessiert. Und diese Kommunikationsformen werden – ursprünglich nach US-amerikanischem Muster – medial unterstützt, indem melodramatische Personalisie-
35 rungen und Emotionalisierungen gesellschaftlicher Phänomene in den Vordergrund gerückt werden: „Im Mittelpunkt steht nicht die Diskussion des Themas an sich, sondern die persönliche Betroffenheit der anwesenden
40 Gäste, die von den Moderatoren zur Selbstdarstellung und Meinungsäußerung animiert werden" (Lothar Mikos). Dabei wird immer wieder auch Intimes in die mediale Öffentlichkeit gezerrt. „Der Anspruch der täglichen
45 Talkshows ist es nicht, über das Gespräch aufklärend zu informieren, sondern mit Selbstbekenntnissen zu unterhalten" (ders.). Vertreterinnen und Vertreter der herkömmlichen Bildungsinstitutionen sind angesichts solcher

Entwicklungen irritiert, „weil sie den bürgerli-
50 chen Vorstellungen der inhalts- und sinnvollen freien Rede gleichberechtigter, mündiger Bürger zuwiderlaufen" (ders.).
Junge Individuen, die nicht mehr ernsthaft im rationalen Diskurs miteinander verknüpft
55 sind, sondern sich wechselseitig als Projektionsflächen ihrer Selbstinszenierung benutzen, passen zu einer gesamtgesellschaftlichen Individualisierungstendenz. In Sendungen, die junge Zielgruppen bevorzugen, „sind
60 Menschen zu Gast, die sich selbst inszenieren und darstellen, um auf dem ,Identitätsmarkt' einer Gesellschaft bestehen zu können, in der sich traditionelle Sozialbindungen auflösen und das einzelne Individuum immer mehr auf
65 sich selbst zurückgeworfen wird" (Lothar Mikos).
Heiner Keupp, Professor für Sozial- und Gemeindepsychologie an der Universität München, weist darauf hin, dass die Medien als
70 Erzählmaschinen eingesetzt werden, die gerade auch jungen Menschen permanent neue und andere Muster des Lebens liefern, die durch einen explosiven Pluralismus gekennzeichnet sind und daher immer nur kurzfristig
75 Identitätsanker werfen und bei den jungen Mediennutzern auf mittlere Sicht zu einer Erosion von Deutungsmustern beitragen.
Verschärft wird die Problematik dadurch, dass insbesondere die kommerziellen Medien
80 und weite Teile des Internets – auf der Suche nach möglichst hohen Einschalt- bzw. Nutzerquoten – immer wieder Tabus brechen und gesellschaftliche Normen und Werte immer weniger aus der „Zentralperspektive" zur
85 Sprache bringen, sondern von den tabubrechenden, zu Exzessen neigenden Rändern her. Im Gefolge dieser Entwicklung finden sich Jugendliche zunehmend in höchst prekären medialen Gefilden der Identitätssuche.
90 Ein Beispiel:

„Ein 14 Jahre alter Gymnasiast aus dem Havelland ist bei einem sogenannten Würgespiel, das einen Rausch erzeugen soll, ums Leben gekommen. Laut Polizei in Nauen wurde der
95 Junge [...] von seiner Mutter leblos aufgefunden. Er habe sich mit einem Strick für kurze Zeit die Atemluft genommen und dabei das Bewusstsein verloren. Wie die ,Märkische Allgemeine' schreibt, war der Computer noch
100 eingeschaltet gewesen, eine Anleitung für das

‚Würgespiel' soll dort abrufbar gewesen sein" („Rheinische Post" vom 9. 12. 2009).

105 Sich selbst und seine Grenzen zu erfahren und auszutesten war sicherlich seit je eine zentrale Erfahrung im Jugendalter. Medien wie das Fernsehen und das Internet akzentuieren heute jedoch zunehmend die *tabubrechen-* 110 *den Ränder des Normalen* und verwickeln Jugendliche so in eine prekäre Identitätssu-che. Dabei kommt es immer wieder zu proble-matischen Verschmelzungen von Medien- und Lebenswelten, wie sie auch bei den 115 jugendlichen Amokläufern festgestellt wor-den sind.

Durchaus prekär sind auch die abgeleiteten, *geborgten Identitäten*, die junge Mediennut-zer mit Hilfe medialer Anker (Pop-, Sport-Stars etc.) suchen. „Mediennutzer sehen sich 120 in Mediengesellschaften mit kulturellen Halt-losigkeiten konfrontiert, zu deren Bewälti-gung sie auf Anker angewiesen sind, die ihnen Momente relativ stabiler Identitätswahrneh-mung ermöglichen", so der Gießener Sozio-125 logieprofessor Herbert Willems. Die Iden-titäten, die Jugendliche in solchen eher bildungsfernen, nicht-aufklärerischen und nicht-emanzipierenden Medienwelten entwi-ckeln, sind auch in anderen medialen Berei-130 chen durchaus prekär. Klaus Neumann-Braun, Professor für Medienwissenschaft an der Universität Basel, verweist z. B. auf die von jungen Menschen betriebenen Home-

pages und Videoclip-Portale. Dort herrschten theatrale Imagearbeit und rituelle Formen der 135 Kommunikation vor, bei denen Authentizität verlorengehe. Neumann-Braun vertritt die These, dass Webcam-Angebote junger Men-schen als ein Indikator für eine zunehmende Selbstkommerzialisierung anzusehen sind. 140 Der Baseler Wissenschaftler ordnet diese Ent-wicklung in eine bereits seit etwa 2000 andau-ernde Tendenz zu einer medial organisierten, möglichst *grenzenlosen Selbstpräsentation und -vermarktung* ein: 145

„In den 2000er-Jahren war die Sendung ‚Big Brother' in aller Munde. Im Fernsehen wur-den junge Leute gezeigt, die sich rund um die Uhr selbst zu präsentieren hatten. Das audio-visuelle Real-People-Format trat damit unwi- 150 derruflich seinen Siegeszug an. Ähnlich wie beim Medium Kino [...] versuchen sich inno-vationsfreudige Amateure auch an der Reali-ty-TV-Idee und nutzen die sog. Homecam-Technik: Sie stellen sich und ihr Leben im 155 Internet auf ihren privaten Homepages dar. Diese neue Webcam-Kommunikation be-stimmt fortan die öffentliche Debatte mit und löste das bis dahin prominente Chatten ab."

Maßgeblich unterstützt wird diese Entwick- 160 lung z. B. durch das 2005 gegründete und in-zwischen von Google übernommene Video-portal YouTube.

Arbeitsanregungen

1. Entwickeln Sie eine Mind-Map zu dem Stichwort „Selbstinszenierung in Medien". Stellen Sie Aspekte des Artikels darin gegliedert dar.
2. Der Artikel arbeitet mit dem Gegensatz von „aufklärerisch und vernunftbetont" versus „vernunftfern und selbstinszenierend". Stellen Sie in einer Tabelle entsprechende Sendeformate der unterschiedlichen Fern-sehsender gegenüber.

aufklärerisch/vernunftbetont	vernunftfern/selbstinszenierend
Aspekte (ARD) ...	*Deutschland sucht den Superstar (RTL)*

3. Bestimmen Sie anhand des Internetportals meedia.de die aktuelle Nutzung solcher Fernsehformate durch junge Zuschauerinnen und Zuschauer.
4. a) Diskutieren Sie im Kurs, inwiefern die „aufklärerische Wirkung" für Sie ein geeignetes Kriterium zur Bewertung von Medien ist.
   b) Arbeiten Sie ggf. heraus, welche anderen Kriterien der Bewertung Ihrer Meinung nach in der Medienkritik verwendet werden sollten.
5. Welche Bedeutung hat die Medienkritik für die Entwicklung einer Gesellschaft? Stellen Sie Überlegungen zu dieser Frage in einer Stichwortliste zusammen und tragen Sie die Ergebnisse vor.

3 Sprachwandel

3.1 Warum verändert sich Sprache? – Theorien zum Sprachwandel

An die Dudenredaktion
Abt.: Neue Wörter

Betr.: Anregung

Sehr geehrte Herren!
Mir ist aufgefallen, dass die deutsche Sprache ein Wort zu wenig hat. Wenn man nicht mehr ‹hungrig› ist, ist man „satt". Was ist man jedoch, wenn man nicht mehr „durstig" ist? Na? Naa? Na bitte! Dann ‹hat man seinen Durst gestillt› oder ‹man ist nicht mehr durstig› und was dergleichen unschöne Satzbandwürmer mehr sind. Ein knappes einsilbiges Wort für besagten Zustand fehlt jedoch, ich würde vorschlagen, dafür die Bezeichnung „schmöll" einzuführen und in Ihre Lexika aufzunehmen.

Mit vorzüglicher Hochachtung
Werner Schmöll

L an Leiter der Zentral- und Geschäftsbereiche

Aus gegebenem Anlass darf ich Sie noch einmal bitten, die folgenden Formulierungen nicht mehr zu verwenden:
Kader, Brigade, Kollektiv, Ökonomie, Werktätiger, Territorium
und andere ähnliche spezifische Begriffe, die aus der Vergangenheit stammen.

Diese Begriffe sind für ein westliches Ohr stark vorbelastet und führen zu negativen Assoziationen. Wir machen uns im Umgang mit den westlichen Firmen das Leben unnötig schwer.

Mit kollegialem Gruß,

Dr. Meyer-Piening
Geschäftsführer

Arbeitsanregungen

1. Haben Sie schon einmal darüber nachgedacht, wie sich eine – Ihre – Sprache über längere Zeiträume hinweg entwickelt hat?
   a) Halten Sie in einem kurzen Text fest, warum und nach welchen Prinzipien sich Sprache Ihrer Vorstellung nach ändert. Vergleichen Sie Ihre Sprachwandel-Theorien in kleinen Gruppen. Unterscheiden Sie zwischen Theorien, die sich ergänzen, und solchen, die sich gegenseitig ausschließen.
   b) Sammeln Sie in einem Brainstroming alle Ihnen bekannten Fakten aus der Sprachgeschichte. Systematisieren Sie diese anhand chronologischer oder anderer Kategorien.
   c) Wo sehen Sie für sich weiteren Informationsbedarf? Formulieren Sie Fragen zur Sprachgeschichte, die für Sie von Interesse sind.
2. a) Inwiefern können Initiativen wie die von Herrn Schmöll Ihrer Meinung nach die Entwicklung von Sprachen beeinflussen?
   b) Erläutern Sie, inwiefern in dem Brief des Geschäftsführers Meyer-Piening Zeitgeschichte und Sprachgeschichte zusammentreffen. Kennen Sie andere historisch-politische Ereignisse, die die deutsche Sprache in ihrer Entwicklung maßgeblich beeinflusst haben?

Nikolaus Nützel

Neuen Wörtern auf der Spur (2007)

Es ist ein besonderer Tag in der Redaktion des Wahrig-Wörterbuchs in Gütersloh. Lange Wochen und Monate der Fahndung führen endlich zu einem Ergebnis. Ein neues Wort
5 der deutschen Sprache konnte dingfest gemacht werden. Es ist kein besonders herausragendes, auffälliges Wort. Im Gegenteil. Aber wenige Jahre zuvor hatte noch niemand im deutschen Sprachraum das Wort „schwä-
10 cheln" gesagt oder gehört. Dann hat es sich irgendwann jemand ausgedacht und in den Sprachgebrauch seiner Umgebung eingeschleust. Von dort aus hat es sich weiterverbreitet. Die Spur des neuen Begriffs aufneh-
15 men konnten die Wörterdetektive jedoch erst, als das Wort seinen Weg in Zeitungstexte fand. Rund 500 Millionen Wörter aus aktuellen Zeitungen und Zeitschriften lässt die Wörterbuchredaktion von Fachleuten der Universi-
20 tät Saarbrücken untersuchen. Mit Hilfe von Computerprogrammen durchleuchten sie Texte, um herauszufinden, ob sich neue Wörter finden oder ob alte Wörter auf eine neue Weise verwendet werden. Die Computer glei-
25 chen die Wortlisten mit bereits bestehenden Wörterbüchern ab. Dann filtern sie heraus, ob vermeintlich neue Wörter vielleicht nur falsch geschrieben wurden. Es wäre ja denkbar, dass beim Wörtchen „schwächeln" jemand nur aus
30 Versehen ein „l" getippt hat und eigentlich das alte Wort „schwächen" meinte. Das lässt sich aber schnell ausschließen. Denn ein Satz wie „Der Stürmer schwächelte in der zweiten Halbzeit." zeigt ganz klar: Hier liegt kein Tipp-
35 fehler vor.

Wenn ein Wort als Neuschöpfung identifiziert ist, wird es jedoch noch nicht automatisch in der nächsten Wörterbuch-Auflage abgedruckt, erklärt die Leiterin der Wahrig-Redaktion, Dr. Beate Varnhorn. Zunächst kommen
40 neue Begriffe unter „Beobachtung". Dort bleiben sie einige Monate oder Jahre. Erst wenn die Fachleute, die bei Wahrig zusammenarbeiten, ganz sicher sind, dass ein Wort in den allgemeinen Sprachgebrauch aufgenommen ist,
45 kommt es auch ins Wörterbuch. […]
Andere Wörter werden als Modebegriffe erst einmal zurück ins Computerarchiv gelegt – z. B. „Elchtest". Dieser Begriff ging im Herbst 1997 ständig durch alle Zeitungen und Fern-
50 sehnachrichten. Ein schwedischer Autotester hatte es geschafft, einen Wagen der neu entwickelten Mercedes-A-Klasse mit einem schnellen Lenkmanöver zum Umkippen zu bringen. Solche hektischen Lenkbewegungen seien in
55 Schweden üblich, um Elchen auszuweichen, hieß es. Daher der neue Begriff: der Test für ein unangenehmes Zusammentreffen mit einem nordländischen Tier.
Der beim „Elchtest" umgekippte Wagen war
60 eine höchst peinliche Blamage für die Nobelmarke. Wochenlang wurde in Zeitungen, in Kneipen und auf Schulhöfen alles Mögliche als Elchtest bezeichnet. Da konnte man Zeitungsüberschriften lesen wie „Schule besteht
65 den Elchtest nicht" (was heißen sollte, das deutsche Bildungssystem ist nicht besonders gut) oder „Euro muss sich im Elchtest bewähren" (was heißen sollte, die damals noch neue Einheitswährung musste sich einer harten
70 Probe unterziehen). Doch schon einige Monate später benutzte kaum noch jemand das Wort. […]

Arbeitsanregungen

1. Stellen Sie mit Hilfe des Textes den Weg grafisch dar, auf dem ein neues Wort ins Wörterbuch kommt.
2. a) Besorgen Sie sich ein älteres und ein aktuelles Wörterbuch. Untersuchen Sie in Gruppenarbeit die jeweils erste Seite zu verschiedenen Buchstaben:
   - Welche neuen Einträge finden Sie?
   - Sind auch Begriffe verschwunden?
   b) Formulieren Sie Vermutungen, die die Veränderungen erklären.
3. Sprache verändert sich in unterschiedlichen Bereichen:
   - Wortschatz,
   - Grammatik,
   - Bedeutung von Wörtern (Semantik).
   Sammeln Sie Beispiele zu diesen Bereichen aus Ihrem Sprachgebrauch.

Evolution der Sprache

von Cornelia Varwig

[...] Generell ist der Sprachwandel vergleichbar mit der Evolution in der Biologie – eine Ähnlichkeit, die bereits Charles Darwin erkannt hatte. „In der Biologie besteht eine Population aus einzelnen Individuen, die unterschiedlich gut an die Umgebung angepasst sind – je besser, desto erfolgreicher pflanzen sie sich fort. So ähnlich ist das mit der Sprache auch", sagt Gerhard Jäger, Professor für Linguistik an der Universität Tübingen. Was sich bewährt, wird weitergegeben, der Rest stirbt aus. Kleine Änderungen etwa in der Aussprache wirken nach Ansicht von Jäger wie Mutationen in der Biologie. Durch Modeerscheinungen entstünden Selektionsvorteile. Man sagt zum Beispiel heute Kino statt Lichtspieltheater, ein Wort, das laut Duden mittlerweile als veraltet gilt. „Das Ganze ist ein ungerichteter Prozess", betont Jäger. Niemand gibt die Veränderungen vor.

www.bild-der-wissenschaft.de, 24.11.2010,
geprüft 8.4.2011

Arbeitsanregungen

1. a) Informieren Sie sich für eine fundierte Auseinandersetzung mit der von Gerhard Jäger vertretenen Position zunächst über wichtige Prinzipien der (biologischen) Evolution.
   b) Erörtern Sie dann kritisch, inwiefern die Analogie zwischen Evolution und Sprachentwicklung gerechtfertigt erscheint und wo sie ihre Grenzen erreicht.
2. Klären Sie im Gespräch, ob der Vergleich mit der Evolution und der von Nikolaus Nützel (Seite 57) beschriebene Weg der Etablierung neuer Wörter miteinander vereinbar sind.

Rudi Keller

Das Wirken der unsichtbaren Hand
Sprache als Phänomen der dritten Art (1994)

Es gibt einen grundlegenden Irrtum, der es seinen Verfechtern unmöglich macht, das Wesen der menschlichen Kultur im Allgemeinen und das der Sprache im Besonderen zu begreifen. Er lässt sich wie folgt formulieren: Die Welt zerfällt ohne Rest in zwei Arten von Phänomenen; solche, die von Gott gemacht sind (bzw. die es von Natur aus gibt), und solche, die von Menschen gemacht sind. Tertium non datur. Die Werke Gottes sind Naturphänomene, die des Menschen Artefakte. Naturphänomene sind vom Willen des Menschen unabhängig und somit Gegenstand der Naturwissenschaften, Artefakte sind Produkte willentlicher Handlungen und somit Gegenstand der Geistes- und Kulturwissenschaften. So weit der Grundirrtum. Er führt zu einer Fehleinschätzung der Sprache und der Sprachwissenschaft. Wer die Linguistik zu den Naturwissenschaften zählen wollte, konnte sich auf die Tatsache berufen, dass die Entwicklung der Sprache vom Willen des Menschen unabhängig ist; wer die Linguistik zu den Geisteswissenschaften zählen wollte, konnte sich auf die Tatsache berufen, dass es nur die sprachlichen Handlungen der Menschen sein können, die die Entwicklung der Sprache hervorbringen.

Der Ausweg aus diesem Dilemma liegt in der Erkenntnis, dass die unterstellte Dichotomie „Naturphänomen vs. Artefakt" auf einer unerkannten Zweideutigkeit des Prädikats „von Menschen gemacht" beruht. Oder anders ausgedrückt, dass es neben Naturphänomenen und Artefakten noch Phänomene einer dritten Art gibt und die Sprache ein ebensolches ist. [...]

Schauen wir uns die wesentlichen Eigenschaften von Phänomenen der dritten Art genauer an, indem wir zunächst ein Beispiel betrachten:

Straßenverkehrsforscher nennen ein bestimmtes Phänomen, das sich täglich auf un-

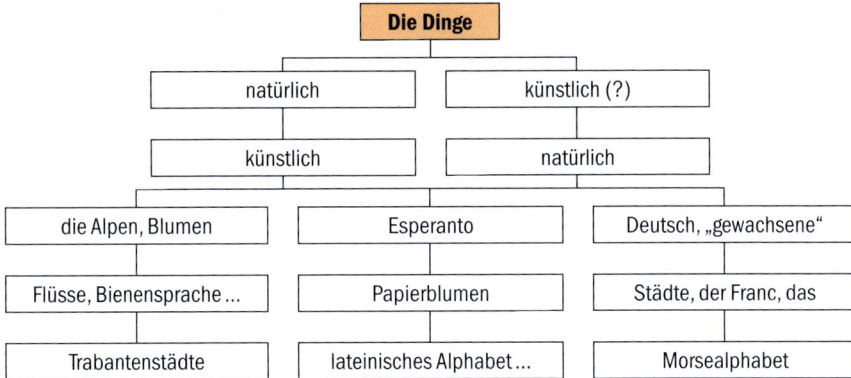

seren Autobahnen ereignet, den *Stau aus dem Nichts*. Es ist ein Phänomen der dritten Art, an dem sich die typischen Eigenschaften dieser Spezies gut demonstrieren lassen. Ich will eine mögliche Genese eines solchen Staus in einem sehr vereinfachten Modell darstellen.

Nehmen wir an, auf einer dichtbefahrenen Strecke – sie sei der Einfachheit halber einspurig – fahren Autos mit einem Abstand von ca. 30 m in einer Geschwindigkeit von 100 km/h und ein Fahrer bremst plötzlich (die Gründe sind irrelevant) auf 90 km/h ab. Nennen wir dieses Fahrzeug, oder den Fahrer, „a" und die darauffolgenden „b", „c" usw. Wenn b nun a's Bremslichter sieht, wird er ebenfalls abbremsen; da b nicht weiß, auf welche Geschwindigkeit a herunterbremst, wird b, um „Sicherheitsspielraum" zu haben, eher ein bisschen zu stark abbremsen als zu schwach. Er wird vielleicht von 100 km/h auf 85 km/h herunterbremsen. C steht vor dem analogen Problem: Exakt auf 80 km/h herunterzubremsen, ist zu riskant, denn er weiß ja nicht genau, wie stark b bremst. Sein Streben nach Sicherheit wird ihn dazu führen, eher stärker als nötig zu bremsen; er wird seine Geschwindigkeit vielleicht auf 80 km/h reduzieren. Wie das weitergeht, können wir hochrechnen: s ist zum Stillstand gekommen und mit ihm alle seine Nachfolger.

Dies ist ein vereinfachtes Modell. Die Wirklichkeit ist weitaus dramatischer, da sich die Geschwindigkeit von Auto zu Auto nicht linear verringern dürfte. Aber für unsere Zwecke ist das Beispiel gut genug. Der Stau, der ab dem Fahrzeug s eingetreten ist, ist in gewisser Weise von den Fahrern der Fahrzeuge a bis s „gemacht". Sie haben ihn erzeugt durch ihre Handlungen, ohne dass die Erzeugung des Staus zu den Intentionen der einzelnen Handelnden gehörte. Jeder Einzelne hat lediglich angemessen auf die Handlungen seines Vordermannes reagiert, unter Wahrung seines legitimen Sicherheitsbedürfnisses, und so, ohne dies zu beabsichtigen oder auch nur davon zu wissen, eine höchst gefährliche Situation erzeugt. (Das Kuriose an so einem Stau ist, nebenbei bemerkt, dass die, die ihn „gemacht" haben, nicht „in ihn hineingekommen" sind.) Phänomene der dritten Art sind, wie dieser Stau auch, in aller Regel *kollektive Phänomene*. Sie entstehen durch Handlungen vieler, und zwar dadurch, dass die das Phänomen erzeugenden Handlungen gewisse Gleichförmigkeiten aufweisen, die für sich genommen irrelevant sein mögen, in ihrer Vielfalt jedoch bestimmte Konsequenzen zeitigen. […]

Arbeitsanregungen

1. a) In allen drei Kategorien der Grafik werden sprachliche Erscheinungsformen als Beispiele angeführt: Erläutern Sie, warum sie in verschiedene Kategorien eingeordnet werden.
   b) Sammeln Sie zu jeder Kategorie weitere Beispiele, sprachliche und aus anderen Lebensbereichen.
2. Übertragen Sie das Bild vom Stau, das Keller ausführt, möglichst detailliert auf das Phänomen Sprache.
3. Leuchtet Ihnen Kellers Sprachwandeltheorie ein? Ziehen Sie auch noch einmal den von Nikolaus Nützel (Seite 57) beschriebenen Weg in Ihre Überlegungen ein.

Thomas Steinfeld
Prinzipien der Sprachentwicklung (2010)
(nach Guy Deutscher)

Drei große Prinzipien gebe es, sagt der an der niederländischen Universität Leiden lehrende Linguist Guy Deutscher, von denen die Entwicklung der Sprachen vorangetrieben
5 werde. Um sie zu definieren, greift er auf die Lehren der Junggrammatiker zurück, der sprachwissenschaftlichen Schule, die im Leipzig der vorvergangenen Jahrhundertwende die Linguistik als Naturwissenschaft neu
10 begründen wollte; das Prinzip der Faulheit oder des geringsten Aufwands, das Prinzip der formalen Gleichheit und das Prinzip der Expressivität. Das Prinzip der Ökonomie sorgt dafür, dass ältere, kompliziertere Formen der
15 Grammatik abgeschliffen werden und schließlich verschwinden, wobei zuerst die Verb- und Kasusendungen lädiert werden. Das Englische etwa ist in Angelegenheiten der Vereinfachung grammatischer Formen schon deutlich
20 weiter und das Deutsche wird sich weiter in diese Richtung entwickeln. Aber es gibt Rettung, und auch sie ist immer da. Denn das Prinzip der Expressivität wirkt der Zerstörung der Formen entgegen, weil es an abgeschliffe-
25 nen, verfallenen, toten Formen sein Ungenügen hat und diese durch allerhand Extravaganzen zu revitalisieren trachtet. Das tut es, indem es Elemente hinzufügt, die auf andere, neue Weise wiederherstellen, was erloschen
30 war. Und wenn es der Übertreibung zu viele werden, geht es wieder mit den Nachlässigkeiten los, und so geht es weiter bis zum Jüngsten Tag.

So wird aus dem Lateinischen „hoc die" („an
35 diesem Tag") ein „hodie" („heute"), und dann wird im Französischen ein „hui" daraus, was sich bald nicht mehr mit Nachdruck aussprechen lässt, worauf das „au jour d'hui" entsteht, was auch irgendwann schlappmacht, so dass
40 man heute immer öfter ein „au jour d'aujourd'hui" hört, wörtlich: „am Tag von am-Tag-von-diesem-Tag". Oder ein anderes Beispiel: Wo im Englischen das grammatische Futur erlischt, tritt ein „going to" – und zuneh-
45 mend, in Gestalt nur eines Wortes, ein „gonna" in die Bresche. Das Prinzip der Expressivität ist also nur die andere Seite des Prinzips der Faulheit, und wo das eine Prinzip ist, ist das andere auch. Dieselben Kräfte, die uns
50 heute als Ausdruck mangelhafter Sprachbeherrschung erscheinen, bringen morgen die komplexesten sprachlichen Strukturen hervor.

Der dritte Bewegungsgrund in der Entwick-
55 lung der Sprache schließlich ist das Bedürfnis nach formaler Gleichheit. Es sorgt zum Beispiel dafür, dass Verben wie „backen" heute schwach konjugiert werden und auch das Präteritum „er boll" (von „bellen") verschwunden
60 ist. Es ist ein Bedürfnis nach Ordnung, das hier waltet, aber sosehr es vor einem Übermaß an grammatischen Nachrichten schützt, so sehr treibt es Ausnahmen hervor – und Übertragungen auf Bereiche der Sprache, die ande-
65 ren Ordnungen gehorchen. Ein großer Teil unseres Wortschatzes etwa ist so entstanden, indem aus Verben („deuten") Adjektive („deutlich") und aus diesen neue Verben („verdeutlichen") wurden.

Arbeitsanregungen

1. a) Formulieren Sie die drei Prinzipien des Sprachwandels mit eigenen Worten.
   b) Suchen Sie zu diesen Prinzipien weitere veranschaulichende Beispiele.
2. Diskutieren Sie die Frage, ob man die Sprachwissenschaft (Linguistik) zumindest teilweise auch als Naturwissenschaft betrachten kann.
3. a) Vergleichen Sie die verschiedenen Sprachwandeltheorien, die Sie mit den Texten auf den Seiten 56 bis 60 kennen gelernt haben, mit Ihren eigenen Vorstellungen, die Sie vorher festgehalten haben (vgl. Seite 56, Aufgabe 1): Wo haben Sie Bestätigung gefunden, was würden Sie jetzt anders darstellen?
   b) Schreiben Sie einen zusammenfassenden Informationstext unter der Überschrift „Theorien zum Sprachwandel". Überarbeiten Sie Ihre Texte in Schreibkonferenzen. Achten Sie dabei insbesondere auf inhaltliche Kriterien.

3.2 Deutsche Sprache gestern, heute – und morgen?

Der Wandel in Beispielen

Astrid Stedje

Arten des Bedeutungswandels
(2007)

Bedeutungswandel ist die vielleicht häufigste Art der sprachlichen Veränderung. Da er sich im Bewusstsein des Menschen vollzieht und von vielen psychologischen und gesellschaft-
5 lichen Faktoren abhängig ist, lässt er sich schwer abgrenzen und beschreiben. Vom Resultat des Bedeutungswandels ausgehend, lassen sich, grob gesehen, folgende Arten unterscheiden:

10 **Bedeutungsverengung**
Der Bedeutungsumfang ist kleiner geworden dadurch, dass noch weitere, spezialisierende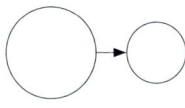
15 Merkmale zu dem ursprünglichen Inhalt gekommen sind. […]
Mut bezeichnete in älterer Sprache die wechselnden Gemütszustände des Menschen, was noch in eng. mood, dt. *guten Mutes sein*, er-
20 halten ist. Die heutige engere Bedeutung „Tapferkeit" (vgl. schwed. *mod*) hat sich erst seit dem 16. Jh. durchgesetzt.
Mhd. *hôch(ge)zit* war ein hohes kirchliches oder weltliches Fest oder einfach ‚Freude'
25 (schwed. högtid) Nhd. *Hochzeit* hat die verengte Bedeutung ‚Eheschließungsfeier'.

Bedeutungserweiterung
Der Umfang hat sich vergrößert, da inhalt-
30 lich spezifizierende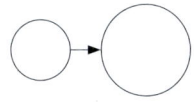
Merkmale weggefallen sind.
fertig heißt ursprünglich ‚zur Fahrt gerüstet', jetzt allgemeiner ‚bereit' und ‚beendet'.
35 *Sache* hatte früher die engere Bedeutung ‚Streit, Rechtssache', die in dem juristischen Ausdruck *in Sachen X gegen Y* und in *Widersacher* erhalten ist.
In einer *Herberge* wurde urspr. nur das Heer
40 untergebracht, dann bekam das Wort die weitere Bedeutung ‚Unterkunft für Fremde'.
Bedeutungserweiterung liegt auch vor, wenn Ausdrücke metaphorisch, d.h. bildlich, in übertragenem Sinn, verwendet werden, z.B.
45 *Esel*, das auch in der Bedeutung ‚dummer Mensch' gebraucht werden kann.

Bedeutungsverschiebung
Wenn ein sprachliches Bild ganz verblasst ist, sodass die ursprüngli-
50 che konkrete Bedeutung nur noch abstrakt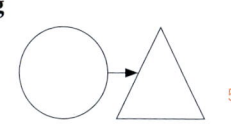
ist, kann man von Bedeutungsverschiebung sprechen, wie z.B. *begreifen, ausdrücken,*
55 *sich in etwas vertiefen*.
Bedeutungsverschiebung liegt auch vor in *elend*, ‚unglücklich, ärmlich', < ahd. *elilenti*, ‚in einem anderen, fremden Land, ausgewiesen'. Der Ausschluss aus der Rechtsgemein-
60 schaft des eigenen Volkes wurde als großes Unglück empfunden, daher die heutige Bedeutung.
Frauenzimmer, ursprünglich ‚Aufenthaltsraum der Frauen', dann ‚Frau' (vgl. unten Me-
65 tonymie). Heute wird das Wort meist verächtlich verwendet und hat folglich auch eine Bedeutungsverschlechterung durchgemacht.
Neben diesen drei Hauptarten des Bedeutungswandels werden in Handbüchern noch
70 folgende zwei Termini verwendet:

Bedeutungsverschlechterung
Die Bedeutung eines Wortes ist vom moralischen, sozialen oder auch stilistischen Ge-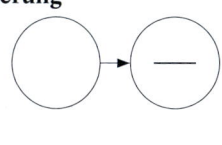
75 sichtspunkt aus „schlechter" geworden und enthält oft eine negative Wertung.
albern hatte im Ahd. die Bedeutung ‚ganz wahr', ‚freundlich'; *alawari* (vgl. schwed. *all-*
80 *var* ‚Ernst'). Im Mhd. war *alwre* schon ‚allzu gütig', ‚dumm' geworden, und nhd. *albern* bedeutet ‚töricht', ‚einfältig'.
Spießbürger, früher die Bezeichnung des bewaffneten Stadtbürgers, wurde bald abwer-
85 tend gebraucht und ist heute ein Spottname für einen engstirnigen, kleinlich denkenden Menschen.

Eine Bedeutungsverschlechterung ist sehr oft mit einer Bedeutungsverengung verknüpft. So verengte und „verschlechterte" das Wort *Dirne* seine Bedeutung ‚junges Mädchen' zu ‚dienendes junges Mädchen' und sank schließlich zu ‚Hure' ab. Dagegen hat schwed. **tärna** die alte Bedeutung beibehalten, wird aber nur noch im höheren poetischen Stil gebraucht. Vgl. auch bair.-österr. *Dirndl*, ‚Mädchen'.

Bedeutungsverbesserung

Bedeutungsverbesserung kommt selten vor. *Marschall*, ahd. *marahscalc*, eigentlich ‚Pfer-deknecht' (vgl. schwed. *märr*, dt. *Mähre*) → *Stallmeister* → Hofbeamter → oberster Befehlshaber der Reiterei → (seit dem 16./17. Jh.) höchster militärischer Rang. *Minister* bedeutet wörtlich ‚der geringere (lat. minus) ‚Diener'; dann → ‚Diener des Staates, oberster Verwaltungsbeamter des Staates'.

Gesellschaftlich bedingt ist z. B. die Bedeutungsverbesserung des Wortes *Arbeiter*.

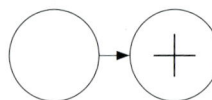

Arbeitsanregungen

1. a) Bestimmen Sie zunächst den Bedeutungsgehalt, den die folgenden Wörter für Sie heute haben.

   b) Recherchieren Sie dann, wie sich die Bedeutung dieser Wörter im Laufe der Zeit verändert hat. Nutzen Sie dazu die in der Information genannten Nachschlagewerke.

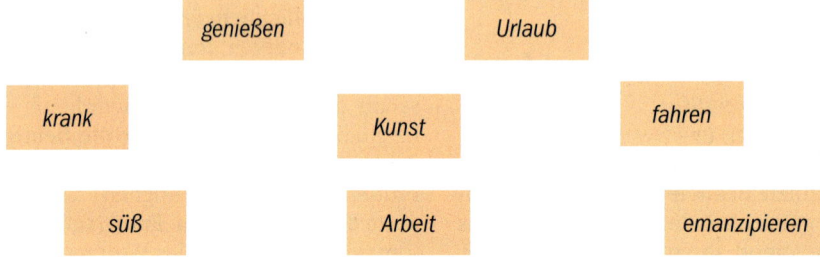

genießen   Urlaub

krank   Kunst   fahren

süß   Arbeit   emanzipieren

   c) Ordnen Sie die Wörter einer der Arten von Bedeutungswandel zu, die Astrid Stedje anführt.

Information — **Nachschlagewerke zur Sprachgeschichte**

Das bedeutendste Nachschlagewerk ist das von den Brüdern Grimm begonnene Wörterbuch der deutschen Sprache:

 Grimm, Jacob und Wilhelm: Deutsches Wörterbuch. Hg. v. der Deutschen Akademie der Wissenschaften. Bd. 1–16 (in 32 Teilen). Hirzel, Leipzig 1854–1960 [Neubearbeitung 1983 ff.]. (Online: http://germazope.uni-trier.de/Projects/DWB)

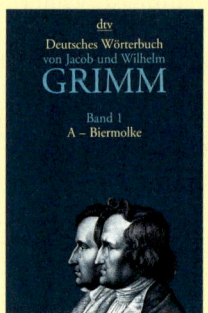

Erste Informationen bietet:
Duden. Das Herkunftswörterbuch. Etymologie der deutschen Sprache. Hg. v. Wissenschaftlichen Rat der Dudenredaktion. DUDEN, Mannheim/Berlin 2001

Unterhaltsam geschrieben sind die Bücher zu Wortgeschichten von Klaus Bartels, zuletzt:
Klaus Bartels: Die Sau im Porzellanladen. 77 neue Wortgeschichten. Zabern, Darmstadt 2008

Gerd Fritz

sehr schön, schrecklich lustig –
die Entwicklung von Intensivierern
(2006)

Adverbien wie *sehr* in *sehr schön* werden als Gradadverbien oder Intensivierer bezeichnet. Das Bedürfnis nach neuen Intensivierern lässt sich im Laufe der Geschichte der deutschen Sprache fast kontinuierlich nachweisen. In der heutigen deutschen Umgangssprache zeigt sich diese Tendenz sehr deutlich. Das beweisen Ausdrücke wie *brutal/total/tierisch* gut. Ein verbreitetes Verfahren zur Gewinnung neuer Intensitätswörter kann man folgendermaßen beschreiben. Man nimmt als Basis ein Adjektiv, das zur Kennzeichnung eines hohen Wertes in einer Skala verwendet wird, und ordnet es in adverbialer Funktion einem Bewertungsadjektiv zu: *traumhaft schön, echt lustig.* Besonders bemerkenswert sind die Fälle, bei denen ein Adjektiv, das normalerweise der negativen Bewertung dient, als Intensivierer auch für positive Bewertungen verwendet wird (*furchtbar nett*). Häufig ist die Verwendung eines bestimmten Intensivierers zunächst auf bestimmte Verbindungen beschränkt und verbreitet sich von dort auf andere Verwendungszusammenhänge, im Mhd. z. B. von *sêre wunt* („schmerzhaft verwundet" → stark verwundet) zu *sêre scharph*

(„sehr scharf", von Zähnen). Die ältesten Intensivierer sind ahd. *thrato*, filu (mhd. vil >viel<; ahd. und mhd. der häufigste Intensivierer) und *harto* (mhd. harte ‚hart', ‚schwer'). Weitere mhd. Adverbien, die im Sinne von sehr verwendet werden, sind, neben *sêre, vaste* (‚fest'), *starke, gar* (‚vollständig') und. 1663 kritisierte Schottel in seiner „Teutschen HauptSprache" Fügungen wie *schrecklich lustig* und *grausam.* Spätestens seit dem 19. Jahrhundert haben folgende Ausdrücke intensivierende Verwendung [...], *unheimlich, furchtbar, schwer, saumäßig [...]*, in der süddeutschen Umgangssprache *arg* (*arg schön*). Um 1900 waren gebräuchlich: *scheußlich hübsch, feierlich hässlich, hässlich schön.* Wie die einleitenden Beispiele zeigen, ist das Verfahren heute weiterhin produktiv. Auch die Tradition der Ablehnung dieser Verwendungsweisen durch Sprachkritiker ist weiterhin lebendig. Ein neueres Beispiel im Englischen erwähnt Milroy: die Verwendung von *well* als Intensivierer (*well nice, well happy*) und die Übernahme dieser Londoner Innovation durch Jugendliche in Sheffield.

Arbeitsanregungen

1. a) Legen Sie zum Text eine Tabelle an, in der Sie die Informationen zu den einzelnen Intensivierern eintragen können:

heutiger Intensivierer	ursprgl. Wort (ahd., mhd.)	Bedeutung des alten Begriffs	Bedeutungsver-änderung als Intensivierer	Art der Bedeu-tungsänderung
...	...	...	...	...

   b) Nutzen Sie für die letzte Spalte die bei Astrid Stedje (Seite 61 f.) eingeführten Begriffe.
2. Untersuchen Sie die Titelseiten verschiedener Tageszeitungen: Welche Intensivierer kommen (wie häufig) vor? Wie verteilen sich die Begriffe auf die verschiedenen Arten von Tageszeitungen (regionale/überregionale Tageszeitungen, Boulevardpresse).
3. a) Legen Sie eine Liste mit allen aktuell verwendeten Intensivierern an. Nutzen Sie dazu Ihre Ergebnisse aus A.2, aber zum Beispiel auch Wörterbücher zur Jugendsprache.
   b) Bilden Sie zu jedem Intensivierer ein möglichst typisches Beispiel für seinen Gebrauch.
   c) Gestalten Sie mit diesem Material einen Fragebogen als Grundlage für eine Umfrage zum Thema: Sprache intensiv – welche Wörter benutzen Sie/benutzt du, wenn du etwas besonders betonen willst?
   d) Führen Sie die Umfrage durch und werten Sie die Ergebnisse aus.

Nikolaus Nützel

Gegen Französisch, Englisch und überhaupt alles Fremde (2007)

Es war eine Zeit der Äußerlichkeiten, als im 17. Jahrhundert ganz Europa dem Hof des französischen „Sonnenkönigs" Ludwig XIV. nacheiferte. So wie es im Schloss Versailles
5 bei Paris üblich war, liebten es die Adligen und Reichen bald auch in Deutschland, gepuderte Perücken zu tragen und bunt bestickte Wämse. So steif wie die Mode war auch die Sprache.
10 Vor allem im barocken Deutschland war es sehr beliebt, möglichst viele französische Wörter in seine Sätze einzuflechten. Man redete sich gegenseitig gerne mit *Madame* und *Monsieur* an, die Mutter hieß *Maman*, der
15 Vater *Papa*. Wenn der *Cousin* oder die *Cousine* zu Besuch kam, reichte man ein *Bisquit* oder – wenn es kräftiger sein sollte – eine *Bouillon*. Abends sprühte man sich etwas *Parfum* ins *Toupet*, bevor man sein *Palais*
20 verließ, um über die *Allee* ins *Ballett* zu gehen.
Noch im Jahr 1750 war der französische Philosoph Voltaire verblüfft, wie gut er am preußischen Hof mit seiner eigenen Landessprache
25 zurechtkam: „Ich finde mich hier in Frankreich wieder. Man spricht nichts als unsere Sprache. Deutsch ist nur für die Soldaten und die Pferde."
Wer nicht nur fein, sondern auch gelehrt klin-
30 gen wollte, der webte zusätzlich noch ein paar lateinische Wörter in seine Rede. Oder er benannte sich selber um. So wurde aus einem einfachen Herrn Müller der feine Herr Molitor. Wer nicht mehr den derben Bauer als
35 Nachnamen haben wollte, nannte sich *Agricola*. Der deutsche Herr Fischer wurde zum lateinischen *Piscator*, Frau Weber zur Frau *Textor*, und wer auf Deutsch schlicht Schuster oder Schuhmacher hieß, der benannte sich in
40 einen raffiniert klingenden *Sutor* um.

Die Freunde der deutschen Sprache schlagen zurück
Doch nicht alle Deutschen waren begeistert über die lateinischen oder französischen Ein-
45 flüsse. Es gab bald eine Gegenbewegung gegen die aus Paris importierte Lebensart, die manchmal abwertend als „welsch" bezeichnet wurde. […] Die deutschen Dichter begnügten sich jedoch nicht damit, auf die ausländischen Einflüsse zu schimpfen. Eine ganze Reihe von
50 ihnen tat sich 1617 zusammen und gründete einen Verein, der sich um die Reinheit der Sprache kümmern sollte. Der Zusammenschluss mit dem schönen Namen Fruchtbringende Gesellschaft hatte vor allem ein Ziel,
55 nämlich dass man „die Hochteutsche Sprache in ihrem rechten wesen und stande, ohne einmischung frembder ausländischer Wort aufs möglichste und thunlichste enthalte".
Die Mitglieder der Fruchtbringenden Gesell-
60 schaft und anderer Sprachgesellschaften, die sich gründeten, merkten aber bald eines: Es war nicht damit getan, über die französischen, lateinischen oder italienischen Fremdwörter zu jammern. Wenn sie ihr Ziel erreichen woll-
65 ten, die deutsche Sprache „rein" zu halten, mussten sie den fremden Ausdrucksweisen etwas entgegensetzen. Also galt es, sich deutsche Wörter auszudenken, wo es bislang nur französische oder lateinische gab. Und da leg-
70 ten die Mitglieder der barocken Sprachgesellschaften bald einen enormen Fleiß an den Tag. In vielen Bereichen gelang es den Sprachpuristen tatsächlich, einen deutschen Begriff gleichberechtigt neben dem Fremdwort in den
75 Sprachgebrauch einzubringen.

Früher nur gebräuchliches Fremdwort	Neuschöpfung
Adresse	
Avantgarde	
Detail	
faktisch	
Rendez-vous	
Parterre	
progressiv	
Teleskop	
Universum	

In einigen Bereichen haben die Verdeutschungen frühere Fremdwörter komplett verdrängt:

Diameter	
Plenipotenz	
Suicidium	
Superficies	

80 An anderen Stellen hatten die Schöpfer neuer Wörter allerdings keinen Erfolg:

Bonbon	
Ingenieur	
Klavier	
Pyramide	
Sofa	

Und an einigen Stellen sind die barocken Freunde der deutschen Sprache eindeutig übers Ziel hinausgeschossen. In ihrem unge-85 bremsten Eifer versuchten sie nämlich, nicht nur für Fremdwörter Ersatz zu finden, sondern auch für sogenannte Lehnwörter. Das sind Begriffe vor allem aus dem Lateinischen, die schon seit Jahrhunderten fest in den deut-90 schen Sprachgebrauch eingegliedert sind. Zu dieser Gruppe gehören Wörter wie Fenster (lat. *fenestra*), Fieber (lat. *febris*), Nase (lat. *nares*) oder Natur (lat. *natura*). Die Liste der misslungenen Eindeutschungen solcher 95 Lehnwörter klingt heute ausgesprochen amüsant:

Fenster	
Fieber	
Frauenkloster	
Nase	
Natur	
Urne	

Arbeitsanregungen

1. Ordnen Sie die folgenden Begriffe den Tabellen im Text zu:

> fortschrittlich   Durchmesser   tatsächlich   Süßchen   Leichentopf
>
> Selbstmord   Jungfernzwinger   Spitzsäule   Stelldichein   Tageleuchter
>
> Gesichtserker   Zitterweh   Fernglas   Griffbrett   Zeugemutter   Lotterbett
>
> Kriegsbaumeister   Oberfläche   Vollmacht   Weltall   Erdgeschoss
>
> Einzelheit   Vorhut   Anschrift

2. a) Lassen sich Gründe benennen, warum sich manche der Wörter durchgesetzt haben, andere nicht?
   b) Sammeln Sie in einem Brainstorming möglichst viele Lehnwörter aus dem Französischen im heutigen Deutsch. Verteilen Sie die Wörter in der Gruppe und recherchieren Sie jeweils, in welcher Phase der Sprachgeschichte die Ihnen zugeteilten Wörter aus dem Französischen entlehnt wurden.
3. Informieren Sie sich über Initiativen zum Schutz oder zur Förderung der deutschen Sprache in heutiger Zeit. Diskutieren Sie, welchen Einfluss solche Bemühungen Ihrer Meinung nach auf die Entwicklung der Sprache tatsächlich haben.

Perspektiven und Prognosen

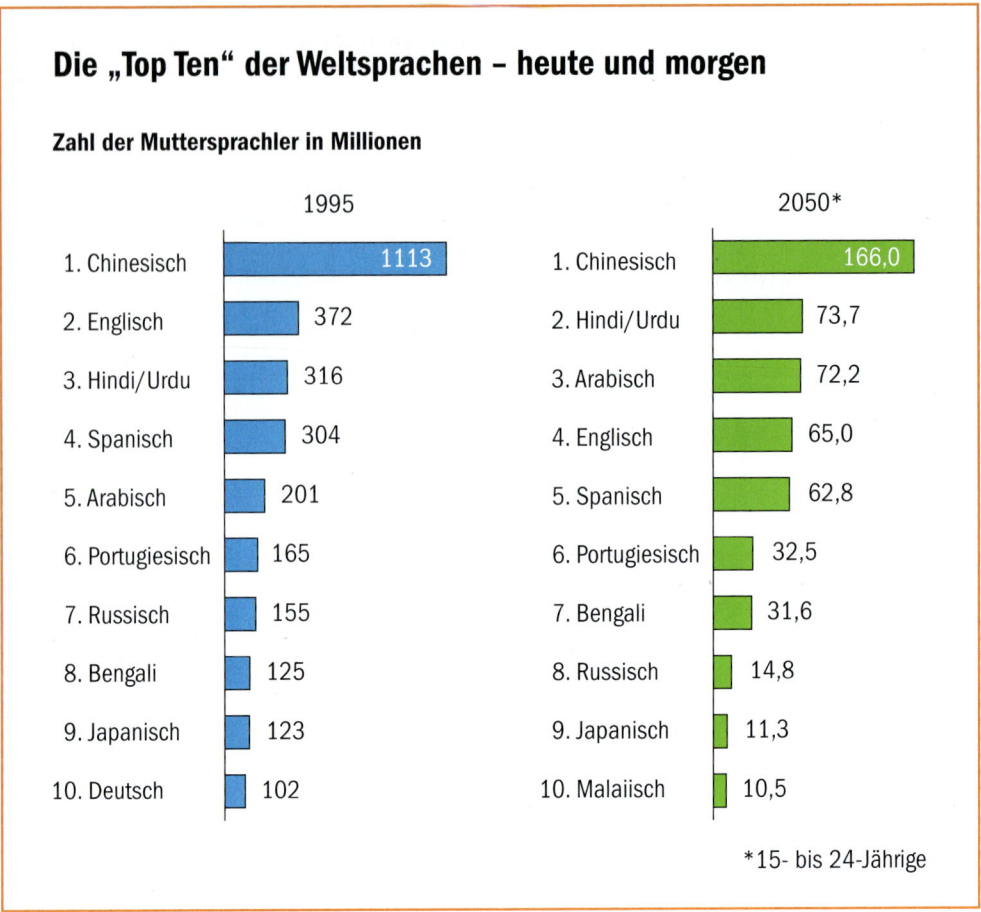

Die „Top Ten" der Weltsprachen – heute und morgen

Zahl der Muttersprachler in Millionen

1995		2050*	
1. Chinesisch	1113	1. Chinesisch	166,0
2. Englisch	372	2. Hindi/Urdu	73,7
3. Hindi/Urdu	316	3. Arabisch	72,2
4. Spanisch	304	4. Englisch	65,0
5. Arabisch	201	5. Spanisch	62,8
6. Portugiesisch	165	6. Portugiesisch	32,5
7. Russisch	155	7. Bengali	31,6
8. Bengali	125	8. Russisch	14,8
9. Japanisch	123	9. Japanisch	11,3
10. Deutsch	102	10. Malaiisch	10,5

*15- bis 24-Jährige

Das Deutsche ist heute mit 102 Millionen Muttersprachlern gerade noch unter den ersten zehn meistgesprochenen Sprachen der Welt. 2050 verschwindet es aus dem Ranking. In der Generation der dann 15- bis 24-Jährigen bleibt Chinesisch auf Platz 1, aber Hindi und Urdu sowie Arabisch rücken auf und drängen Englisch auf Platz 4 ab.

Arbeitsanregungen

1. a) Beschreiben Sie möglichst präzise den Aussagegehalt der beiden Grafiken und heben Sie auffällige Werte heraus.
   b) Formulieren Sie Fragen, die die Grafiken aufwerfen, und versuchen Sie, Antworten auf diese Fragen zu finden (z. B. durch Recherchen oder Expertenbefragungen).
2. Tauschen Sie sich darüber aus, ob der potenzielle Rangverlust des Deutschen unter den Weltsprachen für Sie persönlich (subjektiv) oder für die deutsche(n) Sprachgemeinschaft(en) eine bedauernswerte Entwicklung darstellt. Begründen Sie Ihre Meinung.

„FLAGGE ZEIGEN UND DEUTSCH REDEN"

Interview mit Klaus-Dieter Lehmann

Neuartige Programme sollen dazu beitragen, dass Deutsch in der Welt künftig wieder stärker wahrgenommen wird. Der Präsident des Goethe-Instituts Klaus-Dieter Lehmann zeigt die Perspektiven. [...]

BILD DER WISSENSCHAFT: *Welche globale Entwicklung wird die deutsche Sprache in den kommenden Jahren nehmen, Herr Lehmann?*

KLAUS-DIETER LEHMANN: Entscheidend ist, wie wir selbst unsere Sprache behandeln. Wenn sie uns gleichgültig ist, lässt sich eine rückläufige Entwicklung nicht vermeiden. Wenn wir dagegen mehr Leidenschaft entfachen, hat unsere Sprache gute Chancen. Wir sehen das daran, dass die Zahl derer, die Deutsch lernen, gegenwärtig wieder steigt. Während 2006 an den Goethe-Instituten des Auslandes 165 000 Menschen Deutsch lernten, waren es 2008 fast 185 000 Menschen – Tendenz steigend. Noch wesentlich stärker ist der Anstieg durch die PASCH-Sprachoffensive „Schulen – Partner für die Zukunft", bei der das Goethe-Institut Deutschlehrer für einheimische Schulen ausbildet. Ich bin momentan weit davon entfernt, in Pessimismus zu verfallen, wenn es um die Zukunft unserer Sprache geht.

Woher nehmen Sie Ihren Optimismus?

Der hängt beispielsweise mit dem erwähnten PASCH-Programm zusammen – 2008 ins Leben gerufen vom Auswärtigen Amt. Ziel ist es, das bisherige Programm deutscher Auslandsschulen durch die Einrichtung deutschsprachiger Abteilungen in einheimischen Schulsystemen so aufzustocken, dass Ende 2010 rund 1500 Schulen Deutsch bis zur Hochschulreife anbieten. So wecken wir bei jungen Menschen Interesse und Begeisterung für das moderne Deutschland und seine Gesellschaft. In Indien haben wir damit beispiellosen Erfolg, aber auch in China, Brasilien und im arabischen Raum. In Europa ist die Zunahme in Schweden und Frankreich auffallend. Das stärkste Anwachsen verzeichnen die Schulen in der Türkei durch die Einführung einer zweiten Pflichtfremdsprache, wodurch Deutsch sehr stark profitiert. [...] So werden beispielsweise die internationalen Erfolge von Tokio Hotel von steigenden Anmeldungen für Deutschkurse bei den Goethe-Instituten in aller Welt begleitet. Wenn eine Sprache dagegen nur auf ein Werkzeug reduziert wird – auf eine schwer oder leichter erlernbare Sprache –, kann man nicht viel erreichen.

Was macht Deutsch ausgerechnet für Inder attraktiv? Sie sprechen doch mit Englisch bereits die Weltsprache Nummer eins.

Ursache ist ein Kulturphänomen. In Indien heißen unsere Niederlassungen nicht Goethe-Institute, sondern „Max Mueller Bhavan". Max Müller war ein deutscher Indologe, der während der britischen Kolonialherrschaft die indische Kultur in ihrem ganzen Wesen verstanden und sie für die heutige Zeit wieder zugänglich gemacht hat. Müller wird in Indien verehrt wie ein Heiliger. Seine Leistung verschafft unserer deutschen Sprache dort großen Zulauf. Das heißt: Der Zugang zu einem Land läuft über die Kultur. Auch wenn wir in Indien einen hervorragenden wirtschaftlichen Ruf haben, sprechen Inder vor allem über die kulturellen Eindrücke, die sie von Deutschland haben: über das Tanztheater von Pina Bausch, über das Berliner Grips Theater oder über Thomas Mann und Hermann Hesse.

Mir ist immer noch nicht klar, wieso Inder, die wirtschaftlich mit deutschstämmigen Unternehmen zu tun haben, Deutsch lernen sollen.

Weil sie dadurch beste Chancen haben, in deutschen Unternehmen beschäftigt zu werden. Hier verzeichnen wir eine neue Entwicklung. In den vergangenen Jahren dachten unsere Unternehmen, Englisch reiche. Doch jetzt gibt es eine Trendwende: Die Unternehmen legen Wert darauf, dass auch

ihre wichtigen Mitarbeiter in den Gastländern deutsch sprechen, damit sie die Unternehmensphilosophie besser verstehen, die ja nicht selten auf den vielzitierten deutschen Primärtugenden – Pünktlichkeit, Redlichkeit, Fleiß – beruhen. Unsere Sprachlehrer gehen neuerdings verstärkt in die Firmen und lehren dort Deutsch. So wird auch ein aktuelles Deutschlandbild vermittelt.
[…]

Sollten wir uns stärker an Frankreich orientieren, das die Landessprache weitaus stärker nach außen abschirmt?
[…] Frankreich als Vorbild zu nehmen, wäre falsch. Eine Sprache muss wachsen. Ganz offensichtlich ist die deutsche Sprache von der Anzahl der Begriffe so umfangreich wie keine andere Sprache auf der Welt. Sie ist vielfältiger, aber auch vieldeutiger. Sie benötigt keine Regulierungsbehörde.

[…] Wer als Wissenschaftler nach Deutschland wechselt, kommt mit Englisch überall weiter. Er braucht unsere Sprache doch gar nicht mehr.
Im Labor mag diese Aussage stimmen. Doch wer ein Land erleben will und Lebensqualität in seiner Aufenthaltszeit als Gastwissenschaftler sucht, muss Deutsch können. Sonst versteht er vieles an unserer Kultur nicht und schließt auch keine Freundschaften zur Bevölkerung. Und wer keine Kontakte knüpfen kann, verlässt Deutschland eines Tages, ohne das Land wirklich verstanden zu haben. Gerade für Wissenschaftler wäre das ein Armutszeugnis. Wir bieten deshalb für Gastwissenschaftler spezielle begleitende Deutschkurse an. Bei einem Programm an der Universität Hamburg-Harburg ging das sogar so weit, dass die „Postgraduates" regelrecht Scheine machen mussten. Durch diese intensive Beschäftigung mit unserer Sprache gewannen sie eine Dimension dazu und bekamen eine emotionale Beziehung zu Deutschland. […]

Wie viele Menschen sprechen denn nach Ihren Schätzungen unsere Sprache?
100 Millionen als Muttersprache und weitere 100 Millionen als Fremdsprache.

Bei 6,8 Milliarden Menschen ist das nicht gerade viel …
Statistisch gesehen gibt es weltweit nur sechs Sprachen, die von mehr Menschen gesprochen werden. Klar ist: Wir haben an Zahl verloren. Nach dem Zweiten Weltkrieg haben wir sehr zögerlich für die deutsche Sprache geworben. Auch nach dem Zusammenbruch des Ostblocks wurden Fehler gemacht. Denn eigentlich war die Deutschausbildung dort weit verbreitet. Dass man dieses Potenzial nach der Wende nicht aufgegriffen hat, ist ein großes Versäumnis.

Hat das Goethe-Institut daraus gelernt?
Wir haben unsere Präsenz gesteigert und unsere Marketingstrategie verändert. So sind wir gegenwärtig mit bunt bemalten VW-Bussen in Polen unterwegs – in einem Projekt, dessen Namen ich so schön finde: „Deutsch Wagen". Unsere Sprachlehrer fahren damit in kleine Städte, die kaum je einen Deutschen gesehen haben, sorgen dort für riesiges Aufsehen und motivieren junge Polen, unsere Sprache zu erlernen. Ein ähnliches Projekt läuft übrigens auch in Frankreich. […]

www.bild-der-wissenschaft.de, 24.11.2010, geprüft 8.4.2011

Arbeitsanregungen

1. Vergleichen Sie die Aussagen des Textes mit denen der Grafiken auf Seite 66.
2. Kann der Präsident des Goethe-Instituts Sie im Interview überzeugen? Beurteilen Sie einzelne seiner Argumentationsansätze.
3. Informieren Sie sich über die Arbeit der Goethe-Institute in aller Welt: Listen Sie auf, mit welchen Aktionen und Projekten diese Institute die Stellung der deutschen Sprache in der Welt fördern.

3.3 Normative Kritik oder wissenschaftliche Toleranz? – Sprachwandel in der öffentlichen Wahrnehmung

> „Es gibt niemals dauerhafte, sondern nur wandelbare
> und dazu zeitlich begrenzte Eigenschaften: es gibt nur Sprachzustände,
> die unablässig Übergang sind,
> zwischen dem Zustand am Abend und dem des nächsten Morgens.“

(Ferdinand de Saussure)

Arbeitsanregungen

1. a) Erläutern Sie mit eigenen Worten und Beispielen, was Ferdinand de Saussure mit diesem Satz über die Sprache aussagen wollte: Was könnte mit (sprachlichen) „Eigenschaften" gemeint sein?
   b) Welche Haltung ergibt sich aus dieser Position gegenüber sprachlichen Veränderungen einerseits und Bemühungen, diese zu reglementieren oder zu verhindern, andererseits?
2. Formulieren Sie mögliche Gegenpositionen zu Saussures Aussage. Erstellen Sie mit einer Punktabfrage zu den verschiedenen Positionen ein Meinungsbild und kommentieren Sie dieses.
3. a) „Sprachpflege": Sammeln Sie Assoziationen und weiterführende Überlegungen zu diesem Begriff in einem Schreibgespräch in kleinen Gruppen.
   b) Erweitern Sie dieses Schreibgespräch nach einer ersten Runde um den Begriff „Sprachnormen". Stellen Sie Beziehungen zwischen diesen beiden Begriffen her.
   c) Fassen Sie die Ergebnisse des Schreibgesprächs in Ihrer Gruppe prägnant zusammen und stellen Sie sie im Plenum vor.

Wandel = Verfall?

Das Prinzip Deutsch

von Andreas Bernard

Der Kampf um die Rechtschreibreform fühlte sich von Anfang an zwei Traditionen verpflichtet: der Sprachpflege und dem Krieg. Insofern ist es konsequent, dass sich
5 die schrittweise Einführung der Reform in den letzten zehn Jahren stets an einem 1. August vollzog. Für die Wahl dieses Kalendertags findet sich nirgendwo eine offizielle Begründung, doch der Blick auf zwei
10 historische Ereignisse erhellt den Beschluss. Am *1.8.1911* starb Konrad Duden und am *1.8.1914* begann der Erste Weltkrieg. Kaum ein Ereignis hat in der jüngeren Vergangenheit derart heftige Kontroversen hervorgerufen wie die Auseinandersetzung um
15 das korrekte Deutsch. Es war von einem „sprachlichen Bürgerkrieg" die Rede, der sich zwischen den Initiatoren und den Gegnern der Reform entzündet habe. Trommelfeuer aus Beispielen und Mustersätzen prasselten von einem Lager ins andere, um die
20 Dominanz der eigenen Position durchzusetzen.
So überzeugend diese Beispiele im Einzelfall auch sein mögen: Das Vergebliche beider Anschauungen liegt in der Annahme,
25 dass eine Sprache wie das Deutsche ein in sich stimmiges Gebilde sei, zurückführbar auf eine ursprüngliche Logik. Ein besonders leidenschaftlicher Gegner der Reform beklagt in seinen Schriften seit Jahren die Vielzahl „unvernünftiger" Korrekturen – und
30 genau in diesem Begriff liegt vielleicht der ganze Irrtum der Sprachpflege: dass sie ei-

ner Sprache eine zugrunde liegende „Vernunft" beimisst, so als hätte sie der Weltgeist selbst hervorgebracht. Doch ist das Deutsche nicht einfach ein unreglementierbares Geflecht, von Millionen von Sprechern über Jahrhunderte hinweg variiert und verändert? Jede Systematisierung, jede Regulierung ist der unmögliche Versuch, dieses bewegliche System zu domestizieren.

Und geht das, was man „Sprachgefühl" nennt, nicht oft genug auf einen ganz willkürlichen Ursprung zurück? So wie etwa das schöne Gesetz „Trenne nie ‚s-t', denn es tut den beiden weh!" Jeder, der diesen Imperativ im Deutschunterricht der Grundschule verinnerlicht hatte, spürte irgendwann tatsächlich einen fast natürlichen Bund zwischen den beiden Buchstaben, als ob sie vom Anbeginn der deutschen Sprache an zusammengehörten. Wie ernüchternd war dann die Information, dass diese orthografische Regel in Wahrheit mit den technischen Gegebenheiten des Buchdrucks zu tun hat; ‚s' und ‚t' bildeten im Bleisatz früher eine zusammengesetzte Ligatur und konnten deshalb beim Setzen einer Zeile nicht geteilt werden.

Wenn der Typus des Sprachpflegers heute vor allem Borniertheit ausstrahlt, dann auch deshalb, weit der Impuls seiner Bemühungen im ersten Moment so rätselhaft bleibt. Ist es wirklich die Liebe zum Deutschen an sich, die ihn antreibt? Nein, eher zeigt sich bei allen Reformern und ihren Gegnern, dass der Kampf um das richtige Deutsch ein Vehikel ist im Kampf um die richtigen politischen und gesellschaftlichen Anschauungen. Jedes Manifest gegen die Popularität der Anglizismen etwa – Wolf Schneider nennt sie in seinem letzten Buch tatsächlich „Missgeburten" – weist auch auf das Unbehagen gegenüber der amerikanischen Kultur hin, gegenüber der Sphäre des Pop oder der Computertechnik, aus der die übernommenen Wörter stammen.

Ein ähnlicher Interessentransfer ist in den Auseinandersetzungen um die korrekte Orthografie sichtbar: Die Initiatoren der aktuellen Reform haben ihren Vorschlag, warum man künftig „belämmert" statt „belemmert" schreiben solle, damit begründet, dass der „gesunde Menschenverstand" den Ausdruck von dem Wort „Lamm" herleite; man wolle mit der Korrektur einen volksnahen, demokratischen Zugang zum Deutschen gewährleisten. Sprachreform ist immer Gesellschaftsreform, was sich besonders deutlich auch in den jahrzehntelangen Versuchen der DDR zeigte, die Großschreibung im Deutschen abzuschaffen. Die Ambition bestand darin, einen Sozialismus der Schrift herzustellen, die Herrschaft des großgeschriebenen „Hauptwortes" zu brechen. Man muss also immer vorsichtig sein, wenn es, mit fast philatelistischer Anmutung, um Sprachpflege geht. Dort, wo vom Deutschen die Rede ist, steht jederzeit etwas Grundsätzlicheres zur Debatte.

Süddeutsche Zeitung Magazin, 24.07.2010

Arbeitsanregungen

1. Informieren Sie sich über die Chronologie und die Gegenstände der Rechtschreibreform.
2. a) Inwiefern hat diese Reform einen Einfluss auf Ihre eigene Rechtschreibbiografie (gehabt)?
   b) Sammeln Sie Meinungen und Erfahrungen zum Thema Rechtschreibreform aus unterschiedlichen Generationen und gesellschaftlichen Gruppen.
3. Stellen Sie den Argumentationsgang des Textes von Andreas Bernard dar.
4. Setzen Sie sich mit Bernards Auffassung kritisch auseinander. Berücksichtigen Sie dabei vor allem die Aussage „der Kampf um das richtige Deutsch [ist] ein Vehikel im Kampf [...] um die richtigen politischen und gesellschaftlichen Anschauungen" (Zeile 73 bis 77).

An Bekenntnissen zur deutschen Sprache fehlt es nicht, vor allem nicht in jüngster Zeit. Alle finden sie prima, die Politiker, die Agenten der deutschen Kultur, sogar die gelehrten. Dass sie „einzigartig" ist, liegt dabei in der Natur der Sache, aber ist sie deshalb eine Einrichtung, zu der man sich, abstrakt, immer wieder freudig bekennen muss? Ein solches Lob ist eine tückische Angelegenheit. Denn es verblödet. es macht das gelobte matt und dumpf, ganz abgesehen davon, dass das Lob den Lobenden wie das Gelobte erniedrigt: Die Sprache steht außerhalb der Verfügungsgewalt des Lobenden, sie ist unendlich viel größer als er, und im Lob tritt diese Unangemessenheit scharf hervor. […]

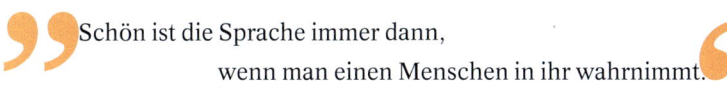

Schön ist die Sprache immer dann,
wenn man einen Menschen in ihr wahrnimmt.

(Thomas Steinfeld)

Thomas Steinfeld
Das bessere Deutsch (2010)

Die Klage über den Verfall der Sprache hat ihren Grund meist darin, dass sie als absoluter Wert begriffen wird, nicht als immer wieder neu zu schaffende Errungenschaft, weil ein
5 idealer Zustand, der nie bestand, der Gegenwart als Maßstab entgegengehalten wird. Errungenschaft aber – das kann nur heißen: etwas als Lebendiges übernehmen, zum Pflegen und Weiterbilden, nicht zum Zweck der Ver-
10 teidigung, nicht als Besitz, nicht als hilflosen Glauben an eine Heilsgemeinschaft in der Muttersprache, sondern als gewusste Veränderung. Die Frage nach dem besten Deutsch ist daher unfruchtbar. Schon die nach dem
15 besseren Deutsch wäre kaum zu beantworten, so viele Voraussetzungen wären dafür zu bedenken. Und wenn es dennoch Belege genug dafür zu geben scheint, dass sich die Mängel in der Sprache häufen, dann gibt es dafür einen
20 Grund, der allen Kulturpessimismus weit übersteigt: Es fehlt meistens nicht die Sprache, sondern es fehlen die Sprecher, es mangelt nicht an Grammatik oder Wortschatz, sondern es sind die Redner und Schreiber, die nicht beherrschen oder nicht beherrschen 25 wollen, was doch eigentlich zu den Grundlagen der Verständigung gehören müsste. Denn die Sprache gibt erst einmal nur Freiheit, und dann ist es jedem freigestellt, ob er sich der Phrasen bedient oder nicht. […] 30 Selbstverständlich kann man die deutsche Sprache lieben. Aber man sollte sie nicht auf unfruchtbare Weise lieben, die auf einem bestimmten Zustand insistiert und ihn gegenüber aller Veränderung behaupten will – nicht 35 pedantisch, sondern leicht und mit einem Blick für das Komische. […] Die selige Sicherheit, die das Wort „Heimat" meint und unter der man sich meist ein mehr oder minder geschütztes Territorium vorstellt, ist in Land und 40 Leuten nicht zu finden. Die Sprache aber gewährt sie immer, unendlich wandelbar und morgen ganz anders als gestern.

Arbeitsanregungen

1. a Erläutern Sie, inwiefern Thomas Steinfeld in diesem Text eine ähnliche Position vertritt wie Ferdinand de Saussure (Seite 69 oben).
   b) Machen Sie auch deutlich, wo Steinfeld über de Saussure hinausgeht.
2. a) Sammeln Sie literarische oder biografische Äußerungen von Schriftstellerinnen und Schriftstellern mit Migrationshintergrund zum Thema „Heimat" und „Sprache".
   b) Diskutieren Sie (ggf. auf der Grundlage Ihrer Ergebnisse aus A 2.1) in einer Fishbowl-Diskussion Steinfelds These, dass die Sprache mehr Heimat gewährt als „Land und Leute" (vgl. Zeile 37 bis 43).
3. Setzen Sie sich mit dem Zitat in einem Schreibgespräch auseinander.

Populäre Sprachreflexion

„Unsere große Hure Duden"

von Hermann Schreiber

Nein, nicht schon wieder eine Denglisch-Klage. Es gibt genug unerschrockene Deutschsprecher, die an dieser Front kämpfen, zum Beispiel im „Verein deutsche Sprache e. V. (VDS)". In der Zeitung dieses Vereins, den „Sprachnachrichten", wird nun aber ein Schild abgebildet, das, wenn es kein Scherzartikel ist, den ganzen „To-go"-Schwachsinn dieses modischen Sprachenmix noch übertrifft: „Take me home: delicious Brötchen fresh belegt ab 1.90 Euro." So etwas annonciert ja wohl keine Bäckerei, sondern allenfalls ein „Back Shop" (zu deutsch: Hinterladen) oder eine „Back-Factory". Aber lassen wir das.

Denken wir lieber darüber nach, woran es liegt, dass heutzutage nichts seltener ist als ein schlichter, sauber zu Ende geführter deutscher Satz, wie das VDS-Ehrenmitglied Wolf Schneider meint. „Wir werden eingemauert vom Jargon der Experten, von Schlagworten, die alles oder nichts bedeuten, von englischen Imponiervokabeln und den Blähungen der Kommunikationswissenschaft."

Und, möchte ich hinzufügen, wir plappern das alles widerstandslos nach.

Warum? Weil nirgends vorgegeben ist, was richtig und was falsch ist, weil sich das allein aus dem gerade vorherrschenden Gebrauch ergibt? So sei es, sagen ausgerechnet die Linguisten, die Sprachforscher: Wer eine Sprache benutze, habe immer recht. Die Forscher hätten Veränderungen der Sprache lediglich zu beobachten. Keine Normen, nirgends.

Und was ist mit dem Duden? Die allenthalben für seriös erachtete DIE ZEIT hat mal geschrieben: „Wenn etwas nur lang genug unkorrekt gebraucht wird, ist unsere große Hure Duden zur Stelle und kassiert es als korrekt." Wolf Schneider findet, der Duden setze damit eine Abwärtsspirale in Gang: „Denn seine Benutzer suchen wie eh und je die Norm in ihm – sie nehmen also das registrierte Übliche als das Richtige wahr, selbst wenn es falsch, dubios oder bescheuert ist." Und die ‚Moral von der Geschicht'? Sie hat keine. Es sei denn die Verpflichtung, nicht alles nachzuplappern, was offenkundig falsch, dubios oder bescheuert, aber gängig oder in Mode ist. Wenn wir nicht selber aufpassen auf unsere Sprache, tut es niemand. Dann verdirbt sie. Und der Verderb der Sprache, hat Dolf Sternberger, ein Grandseigneur des deutschen Journalismus, ins „Wörterbuch des Unmenschen" geschrieben, „der Verderb der Sprache ist der Verderb des Menschen."

Hamburger Abendblatt, 27. 03. 2010

Arbeitsanregungen

1. a) Stellen Sie die zentralen Aussagen des Textes von Hermann Schreiber in ihrem gedanklichen Zusammenhang dar.
   b) Untersuchen Sie den Stil des Artikels und die eingesetzten sprachlichen Mittel.
2. Nehmen Sie aus der Perspektive eines Duden-Redakteurs kritisch Stellung zur Position des Autors.

Bastian Sick

Cäsars Kampf gegen
die starken Verbier (2004)

Geschliffen und geschleift, gesendet und gesandt, erschrocken und erschreckt – eine ganze Reihe von Verben kennt zwei verschiedene Konjugationen. Daher besteht chronische Verwechslungsgefahr. Lesen Sie hier die Geschichte, wie Cäsar seinen „Gallischen Krieg" verhunzte und von einem Sklaven verbessert wurde.

Am Abend nach der siegreichen Schlacht saß Cäsar in seinem Zelt und schrieb beim Schein einer flackernden Kerze an seinem Bericht: „Welch ein triumphaler Sieg!" Erst hatten die
5 Römer ihre Widersacher durch die Straßen geschliffen, anschließend hingen sie die leblosen Körper vor den Toren auf. Bei seinem Einzug in die eroberte Stadt hatten die Bewohner dem jungen Cäsar begeistert zugewunken. Je-
10 ne, die sich ihm zuvor als Spione verdungen hatten, erfuhren nun seine Großzügigkeit. Angesichts des Reichtums an Goldmünzen quellten ihnen die Augen über. Cäsar wandte sein Pferd und ritt hinauf zum Palast. Der
15 Truchsess, von seinen Beratern zum Handeln gedrungen, eilte ihm entgegen, verneigte sich tief und preiste seinen Namen. „Dich hat der Himmel gesendet!", rief er. Cäsar nickte wohlgesonnen und warf auch ihm ein paar Gold-
20 münzen vor die Füße. Gierig las der Truchsess sie auf. „Das Volk liegt dir zu Füßen, o mächtiger Cäsar! Was sind deine Pläne?" Cäsar saugte die würzige Abendluft ein und entgegnete: „Ich werde den Palast erweitern, mit aus
25 Marmor hauten Säulen, und drum herum einen großen Vergnügungspark anlegen lassen." Der Truchsess, dessen Hoffnungen bereits erlöscht waren, fasste neuen Mut: „Welch göttlicher Plan!", jauchzte er. Nachdem er
30 sich einen Moment besinnt hatte, wendete er ein: „Aber wie stellst du dir das vor? Für einen Park ist weit und breit kein Platz!" Cäsar trat an die Brüstung, sein Blick gleitete über das Dächermeer, dann sprach er die berühmten
35 Worte: „Reißt die Stadt ab!" Der Truchsess erblich. Was konnte Cäsar dazu bewegt haben, einen solchen Befehl zu erteilen? Im nächsten Moment aber brach er in Gelächter aus: „Jetzt hast du mich aber erschrocken, o
40 Cäsar! Das war natürlich nur ein Scherz, nicht

wahr? Du willst die Stadt doch nicht wirklich niederreißen lassen?" – „O doch, genau das werde ich. Notfalls lege ich selbst Hand dabei an, denn hat es nicht immer gehießen: Ich
45 kam, sah und sägte?"
„Wünscht ihr noch etwas, Herr?", unterbrach in diesem Moment die schmeichelnde Stimme des devoten Dieners die Gedanken seines Herrn. „Nein, Servilius, du kannst dich zu-
50 rückziehen. Ich schreibe nur noch diesen Bericht zu Ende", sprach Cäsar. „Ach, für *Der bellende Gockel* oder wie Euer Buch heißt?" – „De bello Gallico!", berichtete Cäsar mit säuerlicher Miene. „Lasst doch mal sehen, ich
55 lese Eure Ausführungen doch immer so gern!" Cäsar war zu eitel, um seinem Sklaven diese Bitte zu verwehren. Servilius überflog die Zeilen und schüttelte den Kopf: „O weh, o weh", jammerte er. „Was ist?", fragte Cäsar ungedul-
60 dig, „gefällt es dir nicht?" – „Doch, gewiss, aber ich stelle fest: Euer schlimmster Feind sind die starken Verben!" – „Wie bitte, wer? Ich kenne die Haeduer und die Sequaner, die Helvetier und die Sueben, auch Belger und
65 Nervier sind mir bekannt, aber von Verbiern habe ich noch nie gehört! Aber ich habe keine Angst vor ihnen, egal, wie stark sie sind. Sag mir, wo sie sich versteckt halten, auf dass ich sie unterwerfe!" – „In Eurem Bericht, Herr!",
70 erwiderte Servilius. „Ich meine Verben, nicht Verbier. In dem, was Ihr geschrieben habt, wimmelt es von falschen Verbformen. Ich konnte nicht weniger als zwanzig davon entdecken!"
75 „Zwanzig Fehler? In meinem *De bello Gallico*? Willst du mich zum Narren halten? Das wird dein Verderben!" – „Niemals fiele es mir ein, mit Euch Scherze treiben zu wollen, Herr", beteuerte Servilius, „wenn ihr erlaubt,
80 dann sage ich Euch, wo Ihr ein paar klitzekleine Änderungen vornehmen müsst, dann ist der Bericht tadellos und die Nachwelt wird Euch für einen der größten Schriftsteller der Antike halten. Man wird Euren Bericht im
85 Schulunterricht lesen und …" – „Schweig!", fuhr Cäsar dazwischen, „es reicht!" – „Aber Ihr wollt doch nicht, dass man sich eines Tages erzählt, der große Cäsar habe zwar die Gallier besiegt, aber an den unregelmäßigen
90 Verben sei er gescheitert. Seht nur mal hier, das transitive Verb ‚hängen' wird im Imperfekt zu ‚hängte', nicht zu ‚hing'." – „Transitive Verbier? Ich habe den Rubikon überschritten,

das war transitiv!" – „Ich spreche nicht von
Euren Heldentaten, Herr, die sind unbestrit-
ten. Ich spreche von transitiven und intransi-
tiven Verben, also Tätigkeitswörtern, die ein
Objekt haben können, und solchen, die kein
Objekt haben. Von manchen Verben gibt es
zwei Formen, eine transitive und eine intran-
sitive, sie sind im Präsens gleich, aber sie unterscheiden sich im Imperfekt und im Perfektpartizip." Cäsar war zu müde, um sich einen
längeren Vortrag seines Sklaven über Grammatik anzuhören. Ungnädig scheuchte er ihn
hinaus, blies, bläste oder blos die Kerze aus
und liegte, legte oder lag sich schlafen. Die
richtige Form war ihm im Moment völlig egal.
Als er am Mittag des nächsten Tages wieder
sein Zelt betrat, fand er neben seinem Bericht
eine Liste, in welcher Servilius mit sauberer
Schrift zwanzig Verbformen verzeichnet hatte, die aus Cäsars gestrigem Eintrag stammten.
Sie waren durchgestrichen! Daneben standen
zwanzig andere Formen, die unterstrichen
waren. Cäsar war außer sich: Welch eine Im-
pertinenz! Dieser Sklave hatte es tatsächlich
gewagt, seinen *De bello Gallico* zu verbes-
sern! Das würde Konsequenzen haben. Und
die hatte es auch. Am Abend schrieb Cäsar in
seinen Bericht:
„Die, die ihm treu gedient hatten, wurden
reich belohnt. Der eine aber, Servilius, der es
gewagt hatte, ihn zu verspotten, hatte sein Leben verwirkt. Als er erfuhr, dass er getötet werden sollte, erschreckte er so sehr, dass ihm das
Herz stockte und er tot umfiel. Da Cäsar es
nicht gewohnt war, einen Befehl zurückzu-
nehmen, wurde der Leichnam des Sklaven
mit einem frisch geschleiften Schwert ent-
hauptet, anschließend gerädert und durch die
Straßen geschliffen, wie es Cäsars Befehl gewesen war. Bis zum Abend hängte er zur Ab-
schreckung für alle anderen von der Mauer,
wo er von der Sonne geblichen wurde."
Zufrieden lehnte Cäsar sich zurück. Dann
nahm er Servilius' Liste und übertrug die richtigen Verbformen in seinen Bericht vom Vor-
tag. „Verbier!", murmelte er verächtlich, „mit
euch werde ich fertig, ob regelmäßig oder un-
regelmäßig! Das wäre ja gelacht! Der große
Cäsar ist mit seinem Latein noch lange nicht
am Ende!" [...]

Arbeitsanregungen

1. a) Suchen Sie alle falschen Verbformen aus dem Text und bilden Sie die richtige Form.
   b) Erklären Sie den Unterschied zwischen starken und schwachen Verben.
2. Erörtern Sie, ob der Text über seinen Unterhaltungswert hinaus auch eine pädagogisch-didaktische Funktion für den Leser hat.
3. a) Lesen Sie weitere Sprachglossen von Bastian Sick (vgl. z. B. auch Seite 49 und Seite 88) und tauschen Sie sich über die Wirkung aus, die diese auf Sie haben.
   b) Recherchieren Sie, wie der richtige oder falsche Umgang mit Sprache zum Gegenstand von Medienereignissen (z. B. Fernsehshows) oder öffentlichen Events (z. B. „Die größte Deutschstunde der Welt") gemacht wird.
   c) Schreiben Sie einen Kommentar zu einem solchen Ereignis.

Elvira Topalović/Stephan Elspaß

Ein linguistischer Wegweiser durch die Zwiebelfisch-Kolumnen (2008)

Wieso ist es so, dass Menschen wissen wollen, ob es ‚richtig' *Samstag/Sonnabend* oder *dieses/diesen Jahres* heißt? Bei aller Aufgeschlossenheit gegenüber dem Modernen sind deutsche Sprecher/innen in Sachen ‚Hochdeutsch' (i. S. v. Standardsprache) im Grunde stockkonservativ. ‚Korrekt' gesprochenes und geschriebenes Deutsch gehört etwa zu den ersten Selektionskriterien für schulisches und berufliches Fortkommen, ja, es wird sogar als Gradmesser für Intelligenz gesehen. Ob wir also wollen oder nicht: Es ist in unserer Gesellschaft wichtig, dass man sich in bestimmten Situationen mündlich, vor allem aber schriftlich nicht nur angemessen, sondern auch grammatisch korrekt ausdrücken kann. Die zur jeweiligen Zeit gültigen ‚normgerechten' Formen sind in Grammatiken und zahlreichen Nachschlagewerken verzeichnet, wie etwa dem Wahrig, Bd. 5: „Fehlerfreies und gutes Deutsch" (Wahrig 2003), oder dem Duden, Bd. 9: „Richtiges und gutes Deutsch" (Duden

2007). Diese sind jedoch nicht allen Sprach-teilnehmer/inne/n bekannt bzw. nicht (immer) unmittelbar zugänglich. So entstehen Unsicherheiten, und solche Unsicherheiten scheinen zuzunehmen – auch bei Abiturienten, auch bei Studierenden der Germanistik und auch bei Lehrerinnen und Lehrern. Schulen wie auch Universitäten gelingt es offenbar immer weniger, Schüler/Schülerinnen und Studierenden Sicherheit in grammatischen Zweifelsfällen zu geben, was freilich nicht den genannten Gruppen allein angelastet werden darf, da Faktoren wie geändertes Leseverhalten, der Einfluss audiovisueller Medien u. a. in Rechnung zu stellen sind. Trotz abnehmender grammatischer Sicherheit bleiben aber die – gesellschaftlich determinierten – Korrektheitsvorstellungen, und von der entstandenen Kluft zwischen beiden profitieren nun anscheinend Bücher wie „Der Dativ ist dem Genitiv sein Tod".

Hinter den ausgeprägten Korrektheitsvorstellungen steht dann eben nicht das Bild einer sich wandelnden, variationsreichen Sprache, sondern das Bild einer unveränderlichen Standardsprache, einer ‚Hochsprache', eines Hochdeutsch. Um es plakativ auszudrücken: Man stellt sich vor, dass es ein ‚perfektes' Deutsch gibt, glaubt, dass es von Schriftstellern wie Thomas Mann geschrieben wurde, dass es auch irgendwo in der Gegend von Hannover gesprochen wird und dass dessen ‚Reinheit' heute eigentlich nur noch von „Sprachhelden wie Bastian Sick oder Wolf Schneider" (wie „Der Spiegel" sie in seinem Aufmacher „Deutsch for sale" nannte) verteidigt wird. Dass es so etwas wie eine homogene Standardsprache gibt, wird in der modernen Sprachwissenschaft klar verneint (und deshalb kann ein solches Konstrukt auch nicht von Sprachwissenschaftler/inne/n verteidigt werden). Die allgemeine, laienlinguistische Wahrnehmung ist freilich in der Regel anders, und von Sprachpflegern wird diese Frage nicht selten ideologisiert. Zur Schaffung einer solchen „Standardsprachenideologie" haben allerdings auch Traditionen des Deutschunterrichts in Schulen, in denen etwa die verschiedenen Varietäten des Deutschen (innere Mehrsprachigkeit) bis vor wenigen Jahren nicht oder kaum thematisiert wurden, nicht zuletzt aber auch Autoren populärer ‚Sprachratgeber' beigetragen. Stark ausgebreitet haben sich diese insbesondere seit dem 19. Jahrhundert, als die modernen Standardsprachen kodifiziert, festgeschrieben und für alle verbindlich wurden. […]

Lehrbücher traditionellen Zuschnitts sind die Bücher Sicks […] nicht, dennoch scheint er belehren zu wollen – auch wenn er „keine systematische Sprachbetrachtung" (Sick 2005) bietet, sondern in erster Linie den Anspruch größtmöglicher Unterhaltung hat; die Variation im Deutschen, die ja – wie gesehen – kein ornamentaler Schmuck unserer Sprache, sondern ein ganz wesentlicher Bestandteil ist, ordnet Sick jedoch der Unterhaltungsfunktion unter: „Wer ein klassisches Nachschlagewerk erwartet, ist mit den Grammatik- und Stilbüchern aus dem Hause Duden oder Wahrig besser beraten. Mir liegt es eher, kurzweilige Geschichten zu erzählen, die ein helles Streiflicht auf die Vielseitigkeit der deutschen Sprache werfen."

Auf den ersten Blick scheint es also, als wolle Sick sich bewusst nicht mit Grammatiken und sprachdidaktisch orientierten Lehrbüchern messen, sondern es nur in puncto Kurzweiligkeit besser machen als diese. In seine kleinen Geschichten bettet er dann aber doch Richtig-falsch-Aussagen ein, und wenn er hier und da auch Erklärungen geben möchte, entsteht ein quasi-wissenschaftlicher Anspruch. […]

Arbeitsanregungen

1. a) Formulieren Sie selbst möglichst spontan Antworten auf die den Text einleitende Frage: „Wieso ist es so, dass Menschen wissen wollen, ob es richtig Samstag/Sonnabend oder dieses/diesen Jahres heißt?"
   b) Stellen Sie das Konfliktfeld „Sprachgebrauch – Sprachnorm – Sprachwandel" auf der Grundlage der Textaussagen grafisch dar. Berücksichtigen Sie dabei insbesondere den Faktor „Unsicherheit".
2. a) Welche Kritik üben die Sprachwissenschaftler an den Glossen von Bastian Sick?
   b) Suchen Sie nach Möglichkeiten, den Autor gegen diese Kritik zu verteidigen oder aber die kritische Position von Elvira Topalovid und Stephan Elspaß durch weitere Argumente, Belege oder Beispiele zu stützen.
3. Halten Sie mit Hilfe der Texte in diesem Kapitel (B 3.3) zusammenfassend fest, worin sich eine sprachnormative und eine sprachwissenschaftliche Haltung zum Sprachwandel unterscheiden.

4 Sprachverfall?

4.1 Anglizismen – Literarische Annäherungen

Wise Guys
Denglisch

Oh Herr, bitte gib mir meine Sprache zurück,
ich sehne mich nach Frieden und 'nem kleinen Stückchen Glück.
Lass uns noch ein Wort verstehn in dieser schweren Zeit,
öffne unsre Herzen, mach' die Hirne weit.

5   Ich bin zum Bahnhof gerannt und war a little bit too late:
    Auf meiner neuen Swatch war's schon kurz vor after eight.
    Ich suchte die Toilette, doch ich fand nur ein „McClean",
    ich brauchte noch Connection und ein Ticket nach Berlin.
    Draußen saßen Kids und hatten Fun mit einem Joint.
10 Ich suchte eine Auskunft, doch es gab nur'n Service Point.
    Mein Zug war leider abgefahr'n – das Traveln konnt' ich knicken.
    Da wollt' ich Hähnchen essen, doch man gab mir nur McChicken.

    (Refrain) Oh Herr, …

    Du versuchst, mich upzudaten, doch mein Feedback turned dich ab.
15 Du sagst, dass ich ein Wellness-Weekend dringend nötig hab.
    Du sagst, ich käm' mit Good Vibration wieder in den Flow.
    Du sagst, ich brauche Energy. Und ich denk: „Das sagst du so …".
    Statt Nachrichten bekomme ich den Infotainment-Flash.
    Ich sehne mich nach Bargeld, doch man gibt mir nicht mal Cash.
20 Ich fühl' mich beim Communicating unsicher wie nie –
    da nützt mir auch kein Bodyguard. Ich brauch Security!

*   Oh Lord, bitte gib mir meine Language zurück,*
*   ich sehne mich nach Peace und einem kleinen Stückchen Glück.*
*   Lass uns noch ein Wort verstehn in dieser schweren Zeit,*
25 *öffne unsre Herzen, mach' die Hirne weit.*

    Ich will, dass beim Coffee-Shop „Kaffeehaus" oben draufsteht,
    oder dass beim Auto-Crash die „Lufftttasche" aufgeht,
    und schön wär's, wenn wir Bodybuilder „Muskel-Mäster" nennen
    und wenn nur noch „Nordisch Geher" durch die Landschaft rennen …

30 *Oh Lord, please help, denn meine Language macht mir Stress,*
*   ich sehne mich nach Peace und a bit of Happiness.*
*   Hilf uns, dass wir understand in dieser schweren Zeit,*
*   open unsre Hearts und make die Hirne weit.*

    Oh Lord, please gib mir meine Language back,
35 ich krieg hier bald die crisis, man, it has doch keinen Zweck.
    Let us noch a word verstehn, it goes me an the Geist,
    Und gib, dass „Microsoft" bald wieder „Kleinweich" heißt.

Arbeitsanregungen

1. Formulieren Sie die Ansichten, die in diesem Lied vertreten werden, in einer möglichst prägnanten These.
2. Untersuchen Sie, wie sich der Refrain des Liedes verändert. Wie passt das zur Gesamtaussage?
3. Dichten Sie einige weitere Strophen zu diesem Lied, setzen Sie diese chorisch um und nehmen Sie sie auf.
4. Recherchieren Sie im Internet, inwiefern sich weitere deutsche Musikgruppen kritisch mit Anglizismen auseinandersetzen.
5. Beurteilen Sie die Tatsache, dass deutsche (Jugend-)Zeitschriften oft einen englischen Titel tragen (z. B. *Rolling Stone* oder *Rhyme*).

Urs Widmer
Top Dogs (1997)

Das mehrfach ausgezeichnete Drama „Top Dogs" stellt deutschsprachige Spitzenmanager internationaler Konzerne vor, die ihren Job verloren haben und nun mit Hilfe der „New Challenge Company" einen Weg in die Zukunft suchen. Die Manager leiden unter ihrer Entlassung. Sie diskutieren ihre Optionen.

Szene aus der Uraufführung im Theater Neumarkt, Zürich (1996)

DIE SCHLACHT DER WÖRTER

Alle.

JENKINS/WRAGE Slump, slump, slump.
MÜLLER Management-buyout.
5   KRAUSE Break-even-point.
WRAGE Kreativität.
NEUENSCHWANDER Point-of-no-return.
DEÉR Competition.
MÜLLER New-public-Management.
10   DEÉR Cash-flow.
JENKINS Unternehmensphilosophie.
WRAGE Firmenkultur.
NEUENSCHWANDER Anforderungsprofil.
MÜLLER Marketingstrategie.
15   KRAUSE Produktqualität.
TSCHUDI Einsatz.
MÜLLER Finanzrahmen.
DEÉR Revolution.
KRAUSE Umstrukturierung.
20   JENKINS Umsatzwachstum.
BIHLER Produktionsausstoß.

NEUENSCHWANDER Leistungsanreiz.
DEÉR Projektmanagement.
BIHLER Kostenkontrolle.
KRAUSE Motivation.   25
TSCHUDI Belastbarkeit.
WRAGE Kostenvorgabe.
KRAUSE Produkttraining.
DEÉR Investitionsstrategie.
NEUENSCHWANDER Marktabklärung.   30
BIHLER Mitarbeiterzufriedenheit.
WRAGE Optimierung.
MÜLLER Echtzeitdatenbank.
NEUENSCHWANDER Leistungsbeurteilung.
JENKINS Job-sharing.   35
NEUENSCHWANDER Karriereanker.
WRAGE Arbeitsmarktfähigkeit.
KRAUSE Hot-line.
JENKINS Job-Portfolio.
WRAGE Effizienzsteigerung.   40
MÜLLER Total quality management.
KRAUSE Business reengeneering.
DEÉR Lean Management.
TSCHUDI Review-Kultur.
WRAGE Emotionsorientierte Führung.   45
BIHLER Kostenoptimierung.
MÜLLER All-you-can-afford-Methode.
JENKINS Cash-cow.
BIHLER Cross-Cultural-Management.
DEÉR Humankapital.   50
TSCHUDI Just-in-time-delivery.
JENKINS Reframing.
NEUENSCHWANDER Spill-over-effect.
TSCHUDI Leveraged-buyout.
BIHLER Management by delegation.   55
WRAGE Management by love.
DEÉR Optimum workforce mix.
KRAUSE Top-down-Management.
BIHLER Zero base budgeting.
JENKINS Social information processing   60
approach.
KRAUSE Task-Force.
MÜLLER Technology assessment.
NEUENSCHWANDER Innovations-Management.   65
TSCHUDI Spin-off-Task-Force.
WRAGE Konzentrationsvision.
DEÉR High-cost-producer.
BIHLER Fringe benefits.
MÜLLER Downsizing.   70
KRAUSE Strong-buy.
NEUENSCHWANDER Outsourcing.
[…]

Arbeitsanregungen

1. Geben Sie das Thema dieses Dialogs knapp und mit eigenen Worten wieder.
2. Der Text enthält eine Reihe von Anglizismen, die Managern aus der Wirtschaft geläufig sind, Laien aber eher nicht. Stellen Sie einige der Begriffe zusammen, die Sie nicht (vollends) verstehen.
   Recherchieren Sie in einem Fachlexikon und im Internet, was diese Begriffe bedeuten.
3. Wie wirkt dieser Gedankenaustausch ehemaliger Spitzenmanager auf Sie?
   a) Untersuchen Sie die Wortwahl (bevorzugte Wortart, Wortfelder etc.).
   b) Geben Sie an, wie die Abwesenheit von Verben auf Sie wirkt.
   c) Betrachten Sie die hier gewählte Besonderheit der Syntax und deren Wirkung.
4. Diskutieren Sie, ob und wie sich die hier abgebildete Verwendung von Anglizismen vom Gebrauch in anderen Bevölkerungsgruppen unterscheidet.
5. a) Tragen Sie die Szene mit verteilten Rollen vor. Testen Sie dabei verschiedene Stimmungslagen (kleinlaut, euphorisiert, nüchtern etc.), Lautstärken und Vortragsgeschwindigkeiten.
   b) Diskutieren Sie, welche Vortragsweise der Intention des Autors am ehesten entsprechen würde.

Daniel Kehlmann
Internetblogger (2009)

Daniel Kehlmann erzählt in seinem episo-
disch angelegten Roman „Ruhm" die Ge-
schichte eines Mannes, der ein Mobiltelefon
kauft. Kurz darauf bekommt er Anrufe, die
einem anderen gelten. Nach kurzer Verwir-
rung findet er Gefallen an diesem Irrtum
und beginnt ein Spiel mit der fremden Iden-
tität, die er zufällig erlangt hat. Er beginnt, in
das Leben von neun ihm fremden Menschen
einzugreifen. Eine der Personen, mit denen
er telefoniert, ist ein Internetblogger.

Da muß ich erst ausholen. Sorry und: weiß ja,
daß lithuania23 und icu_lop sich wieder über
die Länge von diesem Posting lustig machen
werden, und natürlich lordoftheflakes, der
5 Troll, wie neulich bei seinem Flaming im mo-
vieforum, aber kürzer kann ichs nun mal
nicht, und wers eilig hat, soll das einfach über-
springen. Treffen mit Celebrities? Na aber auf-
gepaßt!
10 Vorausschicken muß ich, daß ich ein riesen
Hardcore-Fan von diesem Forum bin.
Stahlidee. Normale Typen wie ich und du, die
Prominente spotten und davon erzählen: Kal-
te Sache, toll überlegt, interessant für jeden,
15 und außerdem hat das Kontrollfunktion, damit die wissen, daß sie gescannt werden und
sich nicht aufführen können wie was weiß ich.
Wollte schon lang hier posten, allein woher
der Kontent? Dann aber letztes Wochenende,
20 und gleich voller Container.

Ganz kurz Vorgeschichte. (Mein Leben war
der volle Container Irrsinn in letzter Zeit, muß
man aber fertig werden mit, gibt eben solche
und solche Zeiten, Yin und Yang, und für die
Freaks, die nie von gehört haben: Das ist Phi- 25
losophie!) Meinen Usernamen mollwitt kennt
ihr aus andren Foren. Ich poste viel bei Super-
movies, auch bei den Abendnachrichten, bei
literature4you und auf Diskussionsseiten, und
auch wenn ich Blogger sehe, die Bullshit ver- 30
zapfen, halt ich mich nicht zurück. Immer
Username mollwitt. Im Real Life (dem wirkli-
chen!) bin ich Mitte dreißig, ziemlich sehr
groß, vollschlank. Unter der Woche trage ich
Krawatte, Officezwang, der Geldverdienmist, 35
macht ihr ja auch. Muß sein, damit man seinen Lifesense realisieren kann. In meinem
Fall Schreiben von Analysen, Betrachtungen
und Debatten: Kontributionen zu Kultur, So-
ciety, Politikzeug. 40
Ich arbeite in der Zentrale einer Mobiltelefon-
gesellschaft und teile Büro mit Lobenmeier,
den ich hasse, wie noch nie einer einen anderen gehaßt hat, da könnt ihr drauf Kies essen.
Wünsche ihm den Tod, und gäbs Schlimme- 45
res, dann wünschte ich ihm das statt Tod, und
gäbs noch Schlimmeres, dann exaktgenau das
statt dessen. Logischer Fall, daß er auch der
Lieblings Mann vom Boss ist, immertäglich
pünktlich, immerja fleißig, und solange er am 50
Desk ist, macht er sein Workzeug und unter-
bricht nur, um mir das Auge zu geben und so
was zu sagen wie: „Ey, schon wieder Internet?" Manchmal springt er auf, geht um meinen Desk und will mir auf den Screen glancen, 55

aber ich bin fix und klicke immer rechtzeitig zu. Nur einmal mußte ich sehr dringend Restroom, da hab ich aus Versehen paar Fenster offen gelassen, und als ich zurück, saß er mit riesen Smile auf meinem Stuhl. Ich schwörs euch, wär der nicht dauernd Fitneß-Studio, in dem Moment hätt er richtig Fresse gekriegt.

Ernst übel auch unser Boss. Ganz unkalt und heftig schlimm, aber nicht auf die kleine Art. Ich glaube, daß er mir vertraut, aber man weiß nicht bei ihm: Ständig denkt er über uns nach und listet Pläne, die keiner überzieht. Mir ja ganz fremd, das Power Play, mir gehts um die Gesamtsache und die Gesellschaft und all die Schweinereien, die täglich, ihr wißt ja. Ist doch obvious, daß wer in der Zeitung schreibt, schon gekauft, und über wen geschrieben wird, mit drin. Eine riesen Konspiration, alle mit allen unter Decke, machen Geld wie Irrsinn, und wir Anständigen gucken zu. Ich sag nur Beispiel: Funksprüche von 9/11, lest das mal nach im Netz, dann wundert euch gar nichts mehr!

Zurück zum Topic. Begann alles letzten Freitag. Grad wollt ich im Filmforum der Abendnachrichten posten, wegen Ralf Tanner und der Ohrfeige. Bugclap4 meinte, daß da nichts mehr läuft zwischen ihm und Carla Mirelli, während icu_lop dachte, da ist noch was zu retten. Ich wußte wieder mehr, weil hatte auf andrer Website was gelesen, aber als ich damit public gehen wollte, merkte ich, dass ich nicht mehr posten konnte. Ging einfach nicht! Voller Container Fehlermeldung jedes Mal […].

R

Arbeitsanregungen

1. Geben Sie zentrale Aussagen des Textes in eigenen Worten wieder. Was müssen Sie dabei ergänzen, was sprachlich abändern?
2. Der Ich-Erzähler verwendet teilweise eine Fachsprache, die in sozialen Netzwerken des Internets üblich ist. Erklären Sie Bezeichnungen wie „Posting" (Zeile 3) oder „Flaming" (Zeile 5).
3. „… aber kürzer kann ichs nun mal …" (Zeile 6 f.). Die literarische Figur sieht sich in ihren Äußerungen zu Abkürzungen und Auslassungen genötigt.
   a) Zitieren Sie einige Sätze mit auffälligen Auslassungen.
   b) Welcher Eindruck ergibt sich durch diese Verkürzungen? Formulieren Sie dazu eine Interpretationsthese und führen Sie diese unter Verwendung der Textbelege aus.
   c) Inwiefern spiegeln diese Äußerungsformen die Lebensweise des Protagonisten wider? Stellen Sie Ihre Beobachtungen in einer Tabelle zusammen.
4. Klären Sie, wie der Ich-Erzähler positive und negative Gefühle und Werturteile zum Ausdruck bringt.
5. a) Prüfen Sie Verwendung und Wirkung der Anglizismen, die der Ich-Erzähler in seiner Darstellung verwendet.
   b) Erstellen Sie eine Liste mit zwei Spalten: Welche Anglizismen würden Sie selbst in ähnlichen Situationen verwenden, welche keinesfalls? Begründen Sie, warum Sie einige Wörter nicht einsetzen würden.
6. Listen Sie Wörter englischen Ursprungs auf, die in ihrer ursprünglichen grammatischen Form belassen wurden, und andere, die in grammatischer Hinsicht eingedeutscht sind, z. B. durch Änderung der Rechtschreibung (z. B. „Kontribution") bzw. durch Deklinations- oder Konjugationsendungen (z. B. „posten").

Zusatzaufgaben

1. Besorgen Sie sich den Roman „Der abenteuerliche Simplizissimus Teutsch" des Barockdichters Hans Jakob Christoffel von Grimmelshausen in der ursprünglichen Fassung.
   Stellen Sie den Autor und seinen Roman im Kurs vor.
   Wählen Sie einige sprachlich auffällige Textstellen aus und präsentieren Sie diese im Kurs. Weisen Sie insbesondere die Einflüsse der französischen Sprache auf das damalige Deutsch nach.
2. Entleihen Sie in einer Bibliothek den Roman „Die Geschichte des Agathon" von Christoph Martin Wieland (1766/67) und lesen Sie einige Auszüge.
   Informieren Sie den Kurs über den Autor und seinen Roman.
   Stellen Sie daraus kurze Passagen im Kurs vor und testen Sie, ob diese auf Anhieb verstanden werden.
   Moderieren Sie ein Gespräch, in dem geklärt wird, warum dieser Roman für Leserinnen und Leser des 21. Jahrhunderts nicht mehr leicht zugänglich ist.

4.2 Der Sprachfluchtdiskurs in Sachtexten: Übungen zur Erörterung

Die Sprachflüchter

Wie man sich vom Deutschen trennt (2009)

von Jürgen Trabant

Berliner Schulleiter hatten im Januar dieses Jahres in einem dramatischen Manifest auf die katastrophale Situation in den Schulen des Bezirks Mitte, genauer: des proletari-
5 schen und migrantenreichen westlichen Teils dieses Bezirks (Wedding), aufmerksam gemacht: Der Bildungsauftrag der Schule sei nicht zu erfüllen, wenn die Schulen nicht endlich in die Lage versetzt würden, Unter-
10 richt überhaupt zu ermöglichen. Und das heißt hier vor allem: die Einwandererkinder zu erreichen und ihnen als wichtigsten Schritt in das Leben in diesem Land dessen Sprache – Deutsch – zu vermitteln. [...]

15 Bei den deutschen Eltern kommen solche Nachrichten als Horrormeldungen an: Staatliche Schulen sind offensichtlich Orte, an denen Lernen nicht möglich ist. Weil sie aber nicht warten können, bis die öffentli-
20 chen Schulen wieder zu Orten des Lernens geworden sind, lösen immer mehr deutsche Eltern das Problem auf ihre Weise. Sie schicken ihre Kinder auf private Schulen. Wie diese Lösung des Problems konkret aus-
25 sieht, kann man gleich nebenan, im „richtigen" Bezirk Mitte (und natürlich im flotten Prenzlauer Berg), und seit langem schon in den bürgerlichen Vierteln des Berliner Westens besichtigen. Der rasante Ausbau eines
30 privaten Schulwesens, das sich die Eltern ziemlich viel Geld kosten lassen, sorgt für gute Lernbedingungen und die beabsichtigte soziale Exklusion. Was nun aber die wichtige Frage der Sprache angeht, so wird
35 allerdings auch dort – wie im Wedding – wenig oder nicht Deutsch gesprochen, jedenfalls nicht im Klassenzimmer. Die Unterrichtssprache ist Englisch.
„International Schools", „Cosmopolitan
40 Schools" und so fort schießen nicht nur in Berlin aus dem Boden. Die Begeisterung ist groß und allgemein. Die Presse feiert den geschäftstüchtigen Bruder einer berühmten Schauspielerin als großartigen Philantro-
45 pen, weil er eine solche Schule gegründet hat. Stars aus der Glitzer-Medien-Welt präsentieren sich stolz als Modell-Eltern, weil sie ihre Kinder „selbstverständlich" auf englischsprachige Schulen (und vorher in
50 ebensolche Kinderkrippen und Kindergärten) schicken, die auf das 21. Jahrhundert und die globale Welt und wer weiß was sonst noch Schönes vorbereiten. Die Gründung einer ganz besonders teuren englisch-
55 sprachigen Schule in der Nähe von Frankfurt durch einen um „Bildung" besorgten Geschäftsmann fand kürzlich ungeheure mediale Aufmerksamkeit.
Dem Enthusiasmus für diese neue Schule ist
60 allerdings bei näherem Hinsehen entgegenzuhalten, dass der Ausbau eines englischsprachigen Schulwesens in der Mitte Berlins und Deutschlands (in München, Hamburg und Köln ist es ja nicht anders)
65 nicht nur eine Lösung des Schulproblems darstellt, sondern gleichzeitig auch das damit verbundene gesellschaftliche Problem dramatisch zuspitzt: Während sich nämlich auf der einen Seite der gesellschaftlichen
70 Skala ein erklecklicher Anteil der Men-

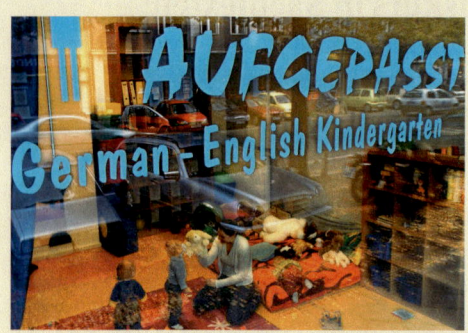

sprachigen Schulen auch Deutsch unterrichtet, aber nur als ein Fach unter anderen. Es wird eben nicht mehr als Unterrichtssprache verwendet. Es ist nicht die „Bildungssprache", in die hinein die Kinder erzogen werden. Die Furcht vor einer umfassenden Sozialisation in der deutschen Sprache ist die Basis für die glänzenden Geschäfte mit „English for babies", englischsprachigen Kindergärten und den internationalen Schulen.

Die Schule war früher die große Agentur zum Erwerb oder zum Ausbau der Hoch- und Nationalsprache, die den Dialekt (oder eine andere Primärsprache) in die Sphäre der Familie und des Privaten rückte, als sogenannte Vernakularsprache. Die neue Schule, die mit viel Geld und viel Reklame in den schickeren Stadtvierteln blüht, bewirkt natürlich genau dasselbe: Sie ist die Agentur zum Erwerb der (höheren) Globalsprache und damit zur Herabstufung der alten Nationalsprache zu einer Vernakularsprache. Wie im 18. Jahrhundert verabschiedet sich hier und heute eine Aristokratie aus der Sprach- und Kulturgemeinschaft. Das ist damals bekanntlich der Nation politisch und kulturell nicht bekommen: Politisch distanzierte die Sprachbarriere den französischsprachigen Adel mehr denn je vom Volk [...].

Nun, man könnte sich mit dem üblichen Schulterzucken über den Lauf der – sich jetzt so glücklich globalisierenden – Welt beruhigen: „Sind halt aso, die jungen Leut!" Und sicher werden meine Bemerkungen keine einzige Prenzlbergerin dazu bewegen, ihr Kind von der Warteliste für „English for babies" und die darauf aufbauenden kommerziellen Sprachangebote („for toddlers", „for kids", „international school") streichen zu lassen. Dennoch wäre vielleicht noch Folgendes zu bedenken, das ja durchaus ebenfalls die Zukunft der Babys", „toddlers" und „kids" betrifft: Nicht nur gefährdet die sich aus der Nationalsprache verabschiedende Elite die traditionelle kulturelle Kohärenz der Nation, sie erschwert mit ihrem Ausstieg auch den weiteren demokratischen Ausbau der Nation „von unten", das heißt: die sprachliche Integration der Mi-

schen als unfähig oder unwillig erweist, in die deutsche Sprachgemeinschaft einzutreten, investiert das andere, obere Ende der Gesellschaft erhebliche Mittel und Anstrengungen in den Ausstieg aus der deutschen Sprachgemeinschaft. Die gemeinsame Sprache, daran ist vielleicht zu erinnern, war aber historisch der Kitt – im Grunde der einzige – der staatlichen Gemeinschaft der Deutschen.

An beiden Enden der Gesellschaft finden wir nun dieselbe kulturell-politische Einstellung, die diesen Kitt bröckeln lässt, nämlich die Geringschätzung der Nationalsprache Deutsch, allerdings aus ganz verschiedenen Gründen: aus Unkenntnis und bewusster Distanzierung einerseits, aus Angst und Ehrgeiz andererseits. Der Bildungsferne und dem Unwillen, Deutsch zu lernen, unten korrespondiert oben ein geradezu hysterisch aufgeladener Bildungswille, der im Ausstieg aus der Sprachgemeinschaft eine Bedingung für „höhere" Bildung sieht. Ein immer größer werdender Teil der jungen Bourgeoisie, die sich als Elite versteht oder zu dieser aufsteigen will, glaubt offenbar, die gesellschaftliche Stellung ihrer Kinder nur noch unter Aufgabe des Deutschen als Kultursprache verteidigen zu können.

Hochdeutsch ist dieser Elternschaft keine wertvolle Bildungssprache mehr, in der die geistige und kulturelle Entfaltung ihrer Kinder erfolgen soll. Die „hohe" Sprache ist jetzt Englisch. Deutsch wird nur noch als eine niedere Volkssprache betrachtet, deren Besitz ihren Kindern gerade die leuchtende Zukunft in Aufsichtsräten und Vorständen verbaut. Natürlich wird an den englisch-

granten, auf die wir so dringend angewiesen sind. Denn wieso sollen eigentlich die Migranten in die deutsche Sprache einsteigen, wenn offensichtlich gerade die besonders ehrgeizigen Deutschen aus ihrer Sprache – und aus der Schule, in der diese Sprache Unterrichtssprache ist – aussteigen? So dumm sind die Migranten nicht, dass sie nicht sehen würden, dass sie mit dem Erwerb des Deutschen ja nur eine zweite Vernakularsprache lernen, wenn doch die „Hohe Sprache" des Landes – oder wie Herr Oettinger sagt: die „Arbeitssprache" – Englisch ist. Eine zweite Vernakularsprache brauchen sie nicht. Wozu also die Mühe? Die schicke englischsprachige (Privat-) Schule für Deutsche in Deutschlands Mitte ist nicht das Signal an die Migranten, hier anzukommen, sondern im Gegenteil eine deutliche Aufforderung, zu bleiben, wo sie sind, nämlich unter sich, oder aber – wie wir Deutsche – von hier abzuhauen: ins Globale.

Süddeutsche Zeitung, 15. 12. 2009

Arbeitsanregungen

1. Der Autor bezieht die zunehmende Anglisierung der deutschen Sprache auf eine Reihe gesellschaftlicher Entwicklungen, die er kritisch beurteilt. Stellen Sie diese Aspekte stichwortartig in einer Mind-Map zusammen.

2. Trainieren Sie, **die zentralen Aussagen des Textes wiederzugeben**:

   a) *Weglassprobe:* Markieren Sie im Text alle Passagen gelb, in denen es sich um Beispiele handelt, die Thesen des Autors stützen und anschaulich machen sollen. (Diese Beispiele können Sie in einer knappen Inhaltswiedergabe unberücksichtigt lassen.)

   Methodenbaustein   **Weglassprobe**

   In Klausuren bekommen Sie oft die Aufgabe gestellt, die zentralen Aussagen eines Textes in ihrem gedanklichen Zusammenhang wiederzugeben. Dazu sollten Sie zunächst prüfen, welche Passagen des Textes die zentralen Aussagen enthalten und welche eher untergeordnete Bedeutung haben. Markieren Sie die verschiedenen Ebenen des Textes (These, Beispiel etc.) in verschiedenen Farben.

   b) Markieren Sie in den restlichen Textpassagen Schlüsselwörter. Beschränken Sie sich auf ein bis zwei Wörter pro Absatz und gleichen Sie das Ergebnis mit Ihrer Aspekte-Mind-Map (s. Aufgabe 1) ab.

   c) *Ersatzprobe:* Geben Sie die zentralen Aussagen des Textes in eigenen Worten wieder. Dabei soll der gedankliche Zusammenhang zwischen den Einzelaussagen deutlich werden. Sie können dazu auch eine neue, vom Text abweichende Reihenfolge der Einzelaussagen wählen.

   Methodenbaustein   **Ersatzprobe**

   In Klausuren wird oft von Ihnen erwartet, dass Sie die Aussagen eines Textes mit eigenen Worten wiedergeben können. Mit Hilfe der neuen Formulierungen machen Sie deutlich, inwieweit Sie die Aussagen des Textes geistig verarbeitet haben. Gestützt auf ein Wörterbuch, das bei Klausuren zugelassen ist, können Sie standardsprachliche Ersatzformulierungen für Fach- und Fremdwörter finden und so deutlich machen, dass Sie zentrale Begriffe des Textes für sich geklärt haben.

3. Der Autor des Textes war Professor für Romanische Sprachwissenschaft an der Freien Universität Berlin und ist nun Professor of European Plurilingualism an der Jacobs University in Bremen. Nutzen Sie diese Informationen, um eine E-Mail an den Autor zu verfassen, in der Sie Trabants Sprachflüchter-Thesen kritisch kommentieren.

Ist Deutsch noch zu retten?

von Ulrich Greiner

Immer wieder machen besorgte Geister den Vorschlag, Deutsch als Landessprache in der Verfassung zu verankern. Angenommen, es käme dazu: Welches Deutsch wäre das? Im *Börsenblatt für den Deutschen Buchhandel* war kürzlich der Bericht über ein Treffen von Verlagsleuten zu lesen, wo es unter anderem „um den zwischenmenschlichen Workflow" gegangen sei, und die Überschrift dazu lautete: *Der Wind of Change bläst durch die Branche.* Kann schon sein – vor allem aber bläst der Wind of Change durch die deutsche Sprache. In ihrem alten Gehäuse, wo wir uns halbwegs kommod eingerichtet hatten, wird es immer zugiger. Von allen Seiten verschaffen sich die seltsamsten Wörter, die absurdesten Redewendungen unerwünschten Zutritt, und die Sprachschützer, die einst zu den Sonderlingen und Querulanten gerechnet wurden, erhalten wachsenden Zulauf. Deutsche Akademien machen sich Sorgen, Sprachvereine werden gegründet, in den Feuilletons diskutieren Sprachkritiker, und Guido Westerwelle hat vor kurzem eine Kampagne „Deutsch – Sprache der Ideen" eröffnet.

Die Klage über den Niedergang des Deutschen ist so alt wie dieses. Sie wird den Wind of Change kaum aufhalten können. Es empfiehlt sich deshalb ein nüchterner Blick auf die Lage. Sie ist nicht bestimmt durch die mangelnde Beherrschung des Konjunktivs oder das Schwächeln des Genitivs und nicht durch das weidlich verspottete Denglisch, sondern ganz simpel durch die Tatsache, dass Deutsch auf den wichtigsten Gebieten des öffentlichen Lebens, in Wissenschaft, Wirtschaft und Politik, eine schwindende Rolle spielt. Englisch tritt an seine Stelle.

Die Frage, ob der damit verbundene politische und ökonomische Gewinn einen kulturellen Verlust bedeute, der vielleicht gar die Fundamente unserer Sprache untergrabe, ist durchaus umstritten, und naturgemäß hängt die Antwort von den allerempfindlichsten Gefühlen ab. Zeitgenossen mit geringem sprachlichem Sensorium kommen damit leichter zurecht als jene, die Deutsch nicht allein zu Zwecken der Mitteilung benutzen, sondern als Form des Denkens und Dichtens. Gleichgültig aber, ob man die Invasion des Englischen begrüßt oder bedauert: Der Wandel vollzieht sich leise, ist aber dramatisch.

Betrachten wir erstens die Wissenschaft. Der Linguist Ulrich Ammon, Autor des Standardwerks *Die internationale Stellung der deutschen Sprache* (1991), beziffert in einem Gespräch den Anteil des Deutschen an den wissenschaftlichen Publikationen der ganzen Welt: In den Naturwissenschaften liege er bei einem Prozent, in den Sozialwissenschaften bei sieben, für die Geisteswissenschaften gebe es keine genauen Zahlen. Was nun unser Sprachgebiet betrifft, so schätzt er, dass 80 bis 85 Prozent der deutschen Naturwissenschaftler auf Englisch publizieren, 50 Prozent der Sozialwissenschaftler und 20 Prozent der Geisteswissenschaftler. Für die Welt gilt: Die Wissenschaft spricht Englisch. Aber auch in Deutschland anglifiziert sie sich immer mehr.

Dies wirkt auf unseren Wissenschaftsbetrieb zurück. Einmal dadurch, dass in Deutschland ansässige Verlage immer häufiger nur noch englische Zeitschriftenbeiträge und Buchmanuskripte akzeptieren. Zum andern zeigt sich die Dominanz des Englischen darin, dass sich die Maßstäbe des Akademischen an die der anglofonen Welt angleichen. Man sieht das an der schmerzhaften Implantation der sogenannten Bologna-Reform in den Korpus der deutschen Universität und des in deutscher Zunge immer noch unästhetischen „Bätschelers"; mehr noch aber daran, dass die meisten Förderungsanträge auf Englisch zu erfolgen haben; und schließlich daran, dass es etwa 700 englischsprachige Studiengänge gibt.

Auch hier gilt, dass der Prozess in den Naturwissenschaften und in der Medizin am weitesten fortgeschritten ist, gefolgt von den

Wirtschafts- und Sozialwissenschaften. Die Geisteswissenschaften wehren sich noch, mit einigem Erfolg einstweilen Germanistik, Archäologie, Theologie und Philosophie sowie einige andere kleine Fächer, in denen das Deutsche aus Gründen der Tradition noch eine Rolle spielt.

Dass zweitens die Wirtschaft Englisch spricht, versteht sich von selbst. Als Thomas Middelhoff, seinerzeit Chef von Bertelsmann, die mehrheitlich deutschen Mitarbeiter dazu anhielt, englisch miteinander zu reden, erntete er hier und da noch Irritationen. Inzwischen haben die meisten deutschen Firmen mit internationaler Betätigung Englisch zu ihrer Corporate Language bestimmt. Was dazu führt, wie Ulrich Ammon bedauernd erzählt, dass Techniker oder Wissenschaftler aus der Dritten Welt, die Deutsch gelernt haben, um in Deutschland etwas zu werden, bei Siemens etwa erfahren müssen, sie hätten besser Englisch gelernt.

Dass nun aber drittens die Politik das Deutsche immer mehr aufgibt, ist mit der Tatsache, dass Englisch die Sprache der Diplomatie ist, nicht vollständig erklärt. Es ist Usus, dass beispielsweise der deutsche Botschafter den deutschen Pavillon auf der Biennale in Venedig mit einer englischen Ansprache eröffnet, selbst wenn die meisten Gäste Deutsche oder Italiener sind. In der Europäischen Union gilt Deutsch als eine der drei Arbeitssprachen, es wird aber nicht angewendet – auch deshalb nicht, weil die deutschen Politiker keinen sonderlichen Wert darauf zu legen scheinen. [...]

Je mehr in den Spitzenpositionen von Wirtschaft, Wissenschaft und Politik (und womöglich bald auch der Justiz) Englisch gesprochen wird, desto mehr sehen sich jene Eltern, die es sich leisten können und die das berufliche Gedeihen ihres Nachwuchses im Auge haben, dazu veranlasst, eine englischsprachige Ausbildung für das Kind zu wählen, die wiederum dazu beiträgt, dass in den Kanzleien und Konferenzräumen, wo auch immer, Englisch gesprochen wird. Dem korrespondiert fatalerweise das Faktum, dass die Sprachfähigkeit in den unteren sozialen Schichten abnimmt, die deut-

sche wohlgemerkt, und zwar keineswegs nur bei Migrationskindern.

Jürgen Trabant hat daraus kürzlich in der SZ den Schluss gezogen: „Während sich auf der einen Seite der gesellschaftlichen Skala ein erklecklicher Anteil der Menschen als unfähig und unwillig erweist, in die deutsche Sprachgemeinschaft einzutreten, investiert das andere, obere Ende der Gesellschaft erhebliche Mittel und Anstrengungen in den Ausstieg aus der deutschen Sprachgemeinschaft." Und er fragte: „Wozu sollen Immigrantenkinder Deutsch lernen, wenn die Arbeitssprache dieses Landes Englisch ist?" Damit bezog er sich auf Günther Oettinger, der einmal gesagt hat, Deutsch bleibe die Sprache der Familie und der Freizeit, die „Arbeitssprache" aber sei Englisch. Trabants düstere Prognose geht noch weiter. Er glaubt Anzeichen dafür zu erkennen, dass die deutsche Hochsprache insgesamt bedroht sei, weil sie von unten her durch das Vordringen von Dialekten und Rudimentärsprachen zurückgedrängt werde, von oben her durch das Englische.

Hat er recht? Seine Rede vom „Ende der deutschen Sprachgemeinschaft" ist übertrieben. Noch spricht (fast) jeder Taxifahrer Deutsch, noch wird in den Bundestagsdebatten, Fernsehsendungen und Stammtischgesprächen auf Deutsch gestritten, und es sieht nicht so aus, als würde sich das in absehbarer Zeit ändern. Ändern allerdings tut sich die deutsche Sprache, und zwar schneller, als es je der Fall war. Das ist nicht überraschend. Warum sollte die Sprache von der allgemeinen Beschleunigung verschont bleiben? Ebendeshalb, weil die sprachlichen Veränderungen so rasch vor sich gehen, dass sie innerhalb einer Generation spürbar werden, wächst eine allergische Nervosität unter jenen, denen am Sprachzustand etwas liegt. Die Frage lautet, ob Dieter E. Zimmer recht hat, der schon 1997 befürchtete (in seinem Buch *Deutsch und anders*), das Regelsystem des Deutschen werde durch die Invasion des Englischen aufgeweicht, bis das intuitive Verständnis dessen, was sprachlich richtig sei, gänzlich verschwinde. In jedem Fall führe es dazu, dass uns die Sprachzustände der

Vergangenheit fremd oder unverständlich würden.

Unzweifelhaft werden uns frühere Sprachformen desto fremder, je länger sie zurückliegen. Grimmelshausens *Simplicius* ist kürzlich aus dem Deutschen des 17. Jahrhunderts ins Deutsche des 21. übersetzt worden. Und ein großer Schriftsteller wie Christoph Martin Wieland, der im 18. Jahrhundert zu den Mitschöpfern unserer Hochsprache zählte, ist ebenfalls nicht mehr leicht zu lesen. Seinem Werk übrigens merkt man an, wie kunstvoll es die starken Einflüsse des Lateinischen und des Französischen aufgenommen und weiterentwickelt hat. Und man muss sich daran erinnern, dass Deutsch als Sprache der geografischen Mitte fremden Einwirkungen immer ausgesetzt war, und meist zu seinem Vorteil. Gleichwohl kann man nicht wissen, ob die jetzigen Veränderungen nicht doch einer Erosion gleichkommen. Es wird auf Dauer wohl nicht ohne Folgen für die Entwicklung des Deutschen bleiben, wenn alles, was als modern oder schick oder innovativ gilt und den Ton angibt, anglofon geprägt ist: ob „unten" auf der Straße, in den Diskotheken oder im Netz, ob „oben" in Wirtschaft, Wissenschaft und Politik. Es scheint dahin zu kommen, dass sich eine rund 250 Jahre währende Epoche, als Deutsch die Sprache der besten Köpfe war, dem Ende nähert.

Man könnte sich immerhin damit trösten, dass von kleineren Sprachen zu lernen sei, wie wenig das geistige oder literarische Leben eines Landes von der Verbreitung der eigenen Sprache abhänge, siehe Ungarn oder Finnland. Das ist aber kein Trost, denn, wie Ulrich Ammon sagt: „Es ist immer bitterer für einen Reichen, arm zu werden, als für einen Armen, arm zu bleiben." Um im Bild zu bleiben: dass der Reiche sich freiwillig arm macht, ist eine Schande. Die deutsche Hochsprache hat es im 18. und 19. Jahrhundert zur Weltgeltung gebracht – und nicht aus politischen oder ökonomischen Gründen, sondern deshalb, weil in ihr und mit ihr einige der bedeutendsten Werke der Literatur und der Philosophie geschrieben wurden, die bis heute internationale Wirkung haben.

Dass Teile unserer Eliten diese Sprache nicht mehr verstehen und nicht mehr sprechen, hat wenig mit globalen Zwängen zu tun und viel mit Wichtigtuerei und Gedankenlosigkeit. Damit verhalten sich die Eliten unverantwortlich, denn der Zustand einer Sprache hängt am meisten von jenen ab, die Macht und Einfluss haben. An ihrem Sprachverhalten richten sich jene aus, die unten sind und nach oben wollen.

DIE ZEIT, 1.7.2010

Arbeitsanregungen

1. Vergleichen Sie die Positionen Greiners mit denen Trabants (Seite 81 f.). Welche neuen Aspekte zur Diskussion über die vermutete sprachliche Überfremdung des Deutschen führt Greiner an. Stellen Sie diese Zusatzaspekte in einer weiteren Mind-Map zusammen.

2. In der zweiten Hälfte seines Textes setzt sich Greiner mit einigen Positionen Trabants auseinander. Stellen Sie voneinander abweichende Ansichten in einer Tabelle gegenüber.

3. In einer Klausur erhalten Sie die folgende Aufgabe gestellt:

> Die „Rede vom ‚Ende der deutschen Sprachgemeinschaft' ist übertrieben". Nehmen Sie zu dieser Aussage kritisch Stellung.

Wählen Sie einen der folgenden Grundtypen kritischer Texterörterung aus, um die Aufgabe zu bearbeiten. Formulieren Sie dann eine Stellungnahme. Achten Sie dabei darauf, dass Sie neue gedankliche Schritte mit Hilfe von Formulierungen wie

> „Ich gebe aber zu bedenken, dass …"   oder
>
> „Am wichtigsten ist das Argument, dass …"

sprachlich angemessen markieren.

Methodenbaustein Grundtypen kritischer Texterörterung

In einer Erörterung können Sie mit einem vorgelegten Text auf unterschiedliche Weise umgehen, um einen eigenständigen gedanklichen Ansatz zu entwickeln. Am anspruchsvollsten sind ein begründeter Widerspruch und eine weiterführende Problematisierung.

Modell I: Begründeter Widerspruch/kritische Distanzierung
Wenn Sie mit zentralen Aussagen des vorgelegten Textes nicht übereinstimmen, muss es Ihr Ziel sein, die Argumentation des Autors/der Autorin zu entkräften und eine Gegenargumentation aufzubauen. Dabei sind die folgenden Denkoperationen sinnvoll:

- Sie ziehen die Stichhaltigkeit einer Autorenthese durch Gegenargumente und/oder Gegenbeispiele in Zweifel. Dazu können Sie z. B. die Ihnen bekannte Gegenpositionen anderer Autoren referieren oder eigene Gegenerfahrungen anführen.
- In einem weniger weitreichenden Verfahren können Sie Thesen des Autors teilweise gelten lassen, deren Geltungsbereich jedoch eingrenzen, indem die Position differenziert wird („Sowohl-als-auch-Methode").
- Sie setzen sich kritisch mit dem Begründungsverfahren auseinander, indem Sie z. B. den behaupteten Zusammenhang zwischen einer These und einem zugehörigen Argument/ Beispiel unter die Lupe nehmen und diesen evtl. in Zweifel ziehen. Beispielsweise können Sie den logischen Schritt von einem Einzelfall oder einzelnen Argument zu einer These mit allgemeinem Anspruch als nicht zureichend problematisieren.
- Außerdem können Sie die Prämissen des Autors/der Autorin (also bestimmte weltanschauliche Prägungen, eine wissenschaftliche Denkschule oder persönliche Interessenlage) offenlegen und so die im Text vertretene Position kritisch einordnen.

Modell II: Teilweise Übereinstimmung
Dieses Verfahren stellt eine Mischung der Modelle I und III dar. Es liegt besonders dann nahe, wenn Sie mit einigen Positionen übereinstimmen, mit anderen aber nicht.

Modell III: Begründete Zustimmung
Falls Sie keine stichhaltigen Gegenargumente zur Position des Autors/der Autorin finden, können Sie dessen/deren Ansatz argumentativ erweitern, um der Aufgabenstellung gerecht zu werden. Dabei sind die folgenden Denkoperationen vorstellbar:

- Sie unterstützen die Positionen des Autors/der Autorin mit weiteren Argumenten und eigenen (Erfahrungs-)Beispielen.
- Sie benennen mögliche Gegenpositionen zur Annahme des Autors/der Autorin und entkräften diese mit Argumenten und Beispielen.
- Sie weisen die logische Schlüssigkeit der Autorenposition durch eine persönliche Rekonstruktion der Hauptgedanken nach.

Modell IV: Weiterführende Problematisierung
Oft sollen Sie eine Textaussage erörtern, die in ein Ihnen gut bekanntes Sachgebiet fällt. In diesem Fall können Sie die Position des Autors/der Autorin in einen größeren gedanklichen Zusammenhang einordnen, als der Text dies erkennen lässt. Dabei weiten Sie den Blick und heben die Fragen, die der Text aufwirft, auf eine neue Ebene. Dieses Verfahren setzt einen souveränen Umgang mit einem Themenfeld voraus. Mögliche Denkoperationen sind:

- Sie sehen den Text als einen Beitrag zu einer vertiefenden Problemstellung. Sie umreißen dieses Problemfeld und machen deutlich, was der Text zur Klärung beitragen kann und was nicht.
- Zu der vom Autor/der Autorin aufgeworfenen Problemstellung bringen Sie zusätzliche Problemdimensionen zur Sprache, die im Text nicht formuliert sind und die den Denkhorizont erweitern. Dabei sollten Sie jedoch nicht vom Thema des Textes abschweifen.
- Sie stellen vom Autor/von der Autorin nicht mitgedachte Konsequenzen seiner/ihrer Position dar und gelangen so zu einer kritischen Würdigung der Textaussagen.

Bastian Sick

Deutsch strikes back (2006)

Begriffe wie Feedback und Flatrate, Block-
buster und Ranking, Lifestyle und Standing
sind heute fast schon selbstverständlich. Aber
brauchen wir sie wirklich? Für die meisten
5 Dinge gibt es schließlich ein ebenso gutes
deutsches Wort. Man muss nur danach suchen. Und wo es bislang keines gab, da kann
man auch eines erfinden. [...]
Englische Wörter hat es in der deutschen
10 Sprache schon immer gegeben. Nach dem
Zweiten Weltkrieg wurden es einige mehr,
und viele haben wir begeistert akzeptiert, weil
sie nützlich waren, modisch oder originell.
Aber in den letzten Jahrzehnten sind so viele
15 neue hinzugekommen, dass der Einzelne
längst den Überblick verloren hat. Immer häufiger wird daher die Frage laut, ob wir all diese
vielen englischen Wörter wirklich benötigen.
„Ein Wort wie Catering finde ich völlig über-
20 flüssig", verriet mir eine Kollegin unlängst
beim Kaffeetrinken, „ich sage Partyservice,
das ist genau dasselbe. Ich brauche dafür kein
englisches Wort!" In diesem Punkt irrte sie allerdings, denn sowohl „Party" als auch „Ser-
25 vice" sind englische Wörter. Dass „Partyservice" in ihren Ohren kein Fremdwort ist,
beweist, dass sie sich an dieses Wort gewöhnt
hat. Was uns in Wahrheit an den Importvoka-
beln stört, ist nicht die Tatsache, dass sie
30 englisch sind, sondern dass wir sie nicht kennen – der Mensch ist schließlich ein Gewohn-
heitstier. Wenn er sich aber einmal an etwas
gewöhnt hat, dann hält er es bald für so selbstverständlich wie Pinguine in der Arktis[1].
35 Immer mehr Menschen wünschen sich, dem
Einfluss des Englischen auf unsere Sprache
einen Riegel vorzuschieben. Politiker der
CDU und der CSU wollen die deutsche Sprache gar unter gesetzlichen Schutz stellen.
40 Doch wie soll das funktionieren? Wer soll entscheiden, welche englischen Wörter eine
sinnvolle Ergänzung unseres Wortschatzes
darstellen und welche überflüssig sind? Jeder
hat dazu eine andere Meinung. Und die ist ab-
45 hängig von der jeweiligen Gewöhnung. So
habe ich mich derart an „Fastfood" gewöhnt,

dass es mir schwerfällt, auf „Schnellkost" um-
zusteigen. Zum Frühstück esse ich nach wie
vor „Cornflakes" und keine „Maisflocken",
und wenn mir der Sinn nach einem „Shake" 50
steht, würde ich kein „Schüttelgetränk" be-
stellen. Mein Altpapier stopfe ich in einen
„Container" und nicht in einen „Großbehäl-
ter", und wenn ich einem „Skateboardfahrer"
ausweichen muss, denke ich nicht: „Oh, ein 55
Rollbrettfahrer!"
Aber was an einem „Event" toller sein soll als
an einer „Veranstaltung", ist mir nicht klar.
Und ich sage auch nicht „Aircondition", wenn
ich die „Klimaanlage" meine. Ich gehe lieber 60
„einkaufen" als „shoppen", und über meine
Texte setze ich statt einer „Headline" immer
noch lieber eine „Überschrift". Eine „Sitzung"
wird für mich niemals ein „Meeting" sein und
ein „Ortsgespräch" niemals ein „Citycall". Ich 65
trage auch immer noch Sportschuhe statt
Sneakers und fürchte den Abgabetermin mehr
als die „Deadline".
Im Zeitalter der Globalisierung streben immer
mehr Unternehmen nach Internationalität. 70
So auch die Deutsche Bahn. Daher werden
die Schalter bei der Bahn seit einiger Zeit
nicht mehr „Schalter" genannt, sondern
„Counter". Die Warteschlangen vor so einem
„Counter" sind zwar nicht kürzer als vor ei- 75
nem Schalter, aber das Anstehen fühlt sich
viel internationaler an. Der Kunde spürt, dass
eine neue Zeit von grenzenloser Weltläufig-
keit und modernstem Service-Verständnis an-
gebrochen ist, wenn er auf den Schildern im 80
Schalterraum liest: „Counter wird geschlos-
sen!" und „Gern bedienen wir Sie am Counter
nebenan!". Dasselbe gilt für die Fahrplanaus-
kunft, die sich jetzt „ServicePoint" nennt (und
bei der Bahn in den drei Schreibweisen Ser- 85
vicePoint, Service Point und Service-Point zu
finden ist).
Manchmal kann man sich des Gefühls nicht
erwehren, dass das Ersetzen deutscher Wörter
durch englische reiner Etikettenschwindel ist. 90
Aus meinem Sportunterricht kenne ich noch
den Ausdruck Dauerlauf. In den 80ern setzte
sich der Begriff „Jogging" durch. Das war im
Prinzip nichts anderes als Dauerlaufen, aber
es ließ sich besser vermarkten. Die Industrie 95
überschwemmte Deutschland mit Jogging-

---

1 Wobei anzumerken ist, dass Pinguine in der Arktis alles
andere als selbstverständlich sind. Sie leben nämlich
nur auf der Südhalbkugel, vor allem in der Antarktis,
aber auch in Südafrika, Südamerika und in Australien.

hosen. In „Dauerlaufhosen" hätte sie nicht halb so viel verdient.

Zu Beginn des Jahres hat der Verein Deutsche Sprache (VDS) die Aktion „Lebendiges Deutsch" ins Leben gerufen, deren Ziel es ist, griffige deutsche Pendants zu englischen Wörtern zu finden – oder zu erfinden. Eine Expertenjury wählt unter allen eingesandten Vorschlägen den lebendigsten aus und macht sich für seine Verbreitung stark. Auf diese Weise sind bereits diverse kluge Vorschläge zusammengekommen. So wird für den „Stalker" das praktische deutsche Wort „Nachsteller" empfohlen. Statt „Blackout" solle man „Aussetzer" sagen, und für den „Airbag" wurde das Wort „Prallkissen" gefunden. Als deutsches Gegenstück zum „Brainstorming" schlägt die Jury „Denkrunde" vor, und anstelle von „Laptop" empfiehlt sie das Wort „Klapprechner". Als ich das Wort „Klapprechner" vor ein paar Jahren zum ersten Mal hörte, habe ich gelacht, denn ich assoziierte damit Dinge wie Klappstuhl, Klapptisch und Klapprad, aber keinen Computer. Inzwischen aber finde ich den Ausdruck „Klapprechner" gar nicht mehr so abwegig und bin auf dem besten Wege, mich richtig daran zu gewöhnen.

In seiner Mitgliederzeitung „Sprachnachrichten" und auf seiner Internetseite listet der VDS regelmäßig Meldungen über kleinere und größere Erfolge im Kampf gegen die Anglomanie. Im September 2005 konnte man lesen: „Das Museumsdorf in Cloppenburg verwendet statt des üblichen *Happy Hour* im Lokal ‚Dorfkrug' den Ausdruck *Beste Stunden*." Es gibt freilich noch andere Wege, mit der Übermacht der englischen Wörter fertig zu werden – zum Beispiel indem man sie orthografisch so verfremdet, dass man sie nicht mehr als englisch identifizieren kann. So wie in jener Kneipe in Berlin-Kreuzberg, in der laut Aushang jeden Dienstag zwischen 20 und 22 Uhr „Happyauer" ist! Das ist nur auf den ersten Blick komisch. Tatsächlich ist es nichts anderes als der Versuch, ein Fremdwort einzudeutschen. Auf mehr oder weniger ähnliche Weise sind schließlich auch „puschen" und „zappen" zu deutschen Wörtern geworden. […]

Der Grat zwischen altbacken und neumodisch, zwischen nützlich und überflüssig, zwischen zumutbar und geschmacklos ist – wie Grate das nun einmal an sich haben – schmal. Vielleicht wird man zum „Browser" eines Tages „Stöberer" sagen, wie von einigen Deutschliebhabern empfohlen. Und vielleicht sagen wir irgendwann „Blitzruf" statt „Hotline". Vielleicht aber auch nicht. Vielleicht macht der technische Fortschritt Browser und Hotline überflüssig, ehe sich deutsche Wörter dafür durchsetzen können. Vielleicht verschwindet sogar Reality-TV aus dem Programm, ehe ein Gesetz zum Schutz der deutschen Sprache dafür die Begriffe „Wirklichkeitsfernsehen" oder „Echte-Leute-Fernsehen" vorschreibt. Das wäre doch kühl!

Arbeitsanregungen

1. a) Fassen Sie die zentrale Position, die Bastian Sick zur Sprachflucht-Problematik einnimmt, in einer These zusammen.

   b) Der Autor verwendet eine Reihe von Beispielen. Welche überzeugen Sie (nicht)? Begründen Sie jeweils.

   c) Verfassen Sie eine Erörterung zu der Frage, ob Anglizismen mit Hilfe eines Sprachgesetzes verboten werden sollten. Nutzen Sie dabei die methodische Hilfe auf Seite 87 und Positionen, die in diesem Band von anderen Autoren vertreten werden (z. B. auf Seite 76 oder Seite 84 f.).

C Ein Ausstellungsprojekt

Die Problematik des Sprachwandels
in satirischen Texten und Karikaturen

Eye-catcher

Arbeitsanregungen

1. Versehen Sie die Karikaturen auf diesen Seiten mit witzigen Überschriften und Kommentaren (z. B. in Form von Sprechblasen).
2. Suchen Sie im Internet nach weiteren Karikaturen dieser Art oder nach Texten, in denen mit Anglizismen kritisch umgegangen wird.
   Tipp: Viele Links finden Sie auf www.detlev-mahnert.de/sprache-inhaltsverzeichnis.html

Projektanregung

Planen Sie eine **öffentliche Präsentation** Ihrer Arbeitsergebnisse: Legen Sie vor Beginn Ihrer Arbeit die Zielgruppe(n) der Präsentation und den Rahmen dafür fest. Prüfen Sie, ob Sie die Ergebnisse Ihres Projekts z. B.
- im Foyer oder andernorts in Ihrer Schule,
- auf der schulischen Homepage,
- in Publikumsräumen lokaler Sparkassen und Banken
- und/oder in kommunalen Räumen (im Eingangsbereich der Stadtverwaltung/Stadthalle, in einer öffentlichen Bibliothek etc.) präsentieren können.

Erarbeiten Sie Produkte für Ihre Präsentation:
1. Bilden Sie Kleingruppen, die folgendes Material zusammenstellen und dieses dann satirisch kommentieren:
   a Stellen Sie Cover von Zeitschriften zusammen, die auf dem deutschen Markt erscheinen, die aber dennoch englischsprachige Titel tragen (vgl. Seite 77).
   b) Recherchieren Sie in der Wirtschaftwelt: Deutsche Unternehmen tragen nicht selten englische Namen bzw. Logos. Zudem wird in der Unternehmenskommunikation gern ein englisch anmutender Jargon eingesetzt (vgl. Seite 4). Tragen Sie Beispiele zusammen.
   Klären Sie, wie und wo Sie diese in Ihrer Ausstellung aushängen können.
2. Bereiten Sie eine Einspielung des Songs „Denglisch" von den Wise Guys mit Ihren Erweiterungen dieses Titels (Seite 77, Aufgabe 3).
3. Entwickeln Sie zu den Materialien in Teil C des Bandes (Seite 91 bis 95) kreative Fortsetzungen und Erweiterungen, die geeignet sind, Veränderungsprozesse der Gegenwartssprache anschaulich zu vermitteln.

Fritz Eckenga
sms an alle (2010)

hab jetzt suppabillig flätträt
kann jetzt sprechen ganzen tach
hab auch völlig flätten breitschirm
fast zwei meter total flach

5   is echt günstig kann ich sprechen
und kann kucken total breit
is total und suppabillig
ganz egal um welche Zeit

10   is total egal was kuck ich
und wieso und was ich sach
is schön breit und alles weißt du
weil is alles total flach

Arbeitsanregungen

1. Das Gedicht von Fritz Eckenga ist in einem Lyrikband mit dem Titel „Fremdenverkehr mit Einheimischen" erschienen. Erläutern Sie, inwiefern der Titel passend gewählt ist.
2. Kommentieren Sie die eingedeutschten Anglizismen „flätträt" und „flätten". In welchen Handlungszusammenhang werden sie hier gerückt?
3. Arbeiten Sie weitere fremdsprachliche Einflüsse heraus, die in diesem Gedicht karikiert werden.
4. Benennen Sie syntaktische Normabweichungen in dem Gedicht und erklären Sie ihre Funktion in diesem Text.
5. Schreiben Sie kreative Ergänzungen zu diesem Text:
   - Verfassen Sie nach dem gleichen Muster eine weitere Strophe oder
   - verfassen Sie ein ähnliches Gedicht zu einem anderen Sachverhalt oder
   - fügen Sie übertreibende Sprechblasen hinzu.

Das Streiflicht

von Ulrich Greiner

So, erst mal die Leserbriefwaschkörbe auf- und das Telefon abstellen. Tür verrammeln, Ärmel hoch, Attacke: Eine der enervierendsten Vereinigungen in diesem Land ist die Gesellschaft für Deutsche Sprache. Das sind diese linguistischen Zeugen Jehovas, deren Mitglieder in Sack und Asche durch die Straßen laufen, weil das Deutsch dauernd kaputtgeht. Sie wählen das Unwort des Jahres[1], verwalten den deutschen Sprachschatz und überziehen einen mit Anrufen und Leserbriefen des Inhalts, dass doch unser aller Muttersprache längst in Agonie[2] liege. Allein schon die Werbung, Englisch allerorten, quengel, quengel, quengel.

Gesellschafter, Deutsche, Sprachhüter! Spart euch die Briefe. Wir können euch eine motherfucking großartige News verkünden. Vorher aber machen wir uns aus Gründen der Leser-Blatt-Bindung noch schnell zur Meinungsmetze und bekennen: Ihr habt natürlich recht. Denglisch nervt. Und das pseudokosmopolitische Imponiergehabe der Werbeindustrie mit ihrem globalesischen Geschwätz ist so öd wie lachhaft. Aber damit ist jetzt Schluss. Die Werbung sattelt um auf Deutsch. McDonald's hat es vorgemacht: Aus „Every time a good time" wurde „Ich liebe es". Das klingt zwar nach einer unbeholfenen Übersetzung aus dem Englischen, kein Mensch sagt im Deutschen: „ich liebe es", aber sponge over, ein Anfang war damit gemacht. Dieser Tage verwandelte ein Parfümfritze „Douglas – Come in and find out" in „Douglas macht das Le-

ben schöner". Und die anderen ziehen nach. Lufthansa, Sat.1, Esso, RWE – alle umwerben sie uns plötzlich auf Deutsch. Die Marktforschungsfirma Dialego hatte 1000 Menschen gefragt, welche Werbesprüche sie am besten kennen. Die sieben ersten Plätze belegten deutsche Sätze, allen voran „Ich bin doch nicht blöd". Viele der Befragten waren freilich doch blöd, denn es stellte sich zum Entsetzen der Werber heraus, dass die Kunden oftmals die englischen Slogans schlichtweg nicht verstehen. „Powered by Emotion" (Sat.1) übersetzten viele ernsthaft mit „Kraft durch Freude"[3]. „Come in and find out" wurde interpretiert als „Kommen Sie rein und finden Sie wieder raus".

Vielleicht war das ja der Grund für die deutsche Rezession[4]. Die Leute dachten: „Wie jetzt, Sat.1 ein Nazisender? Deren Werbung schau ich mir doch nicht an!" Und beim Schaufensterbummel: „Tolle Parfümerie, wenn die mich gleich wieder rausschmeißen. Außerdem hab ich keine Lust, für jeden Fußgängerzonenspaziergang ein Englischwörterbuch mitzunehmen. Geh ich eben nicht zu Douglas rein, sondern schlendere zu dem Unterschriftenaktionstischchen da drüben und halte ein Schwätzchen mit den Vertretern der Gesellschaft für deutsche Sprache.

Ja, doch, Sie haben recht, es ist schlimm. Gerne will ich Ihren Leserbrief mit unterzeichnen."

Süddeutsche Zeitung, 12. 11. 2004

---

1 **Unwort des Jahres:** seit 1991 jährlich von einer Jury der Universität Frankfurt/Main auf Grund von Bürgerzuschriften festgesetztes Wort, dessen Verwendung in besonderer Weise auf Ablehnung stößt

2 **Agonie:** Todeskampf

3 **Kraft durch Freude:** nationalsozialistische Organisation mit der Aufgabe, die Freizeit der deutschen Bevölkerung zu gestalten und zugleich zu überwachen

4 **Rezession:** Rückgang der wirtschaftlichen Konjunktur mit wachsender Arbeitslosigkeit

Arbeitsanregungen

1. a) Prüfen Sie, welche Wirkung der Autor durch die Mischung von Sprachniveaus („Muttersprache längst in Agonie … quengel, quengel, quengel") erzielt.
   b) Kommentieren Sie in demselben Stil aktuelle Werbesprüche oder Äußerungen von Sprachschützern (vgl. Seite 93 ff.).

Wolfram Goertz

Chillen Kids cooler in Relax-Hosen? (2008)

Wolfram Goertz hat in der Rheinischen Post seine Leserinnen und Leser im Jahr 2008 Folgendes gefragt:

> **Törichte Anglizismen**
> Welche Anglizismen ärgern Sie? Schicken Sie uns englische Begriffe, die Sie für überflüssig halten, und schreiben Sie Ihre deutschen Alternativvorschläge dazu.

Die Antworten der Leserinnen und Leser sind am 4. 2. 2008 in der „Rheinischen Post" veröffentlicht worden:

PETER STOCKER (Erkelenz) möchte „Anchorman" durch „Hauptnachrichtensprecher", „Primetime" durch „Hauptsendezeit" ersetzt sehen, ebenso „Discounter" durch „Supermarkt". Die allgegenwärtigen „Kids" läse er lieber als „Kinder".

DOROTHEA MAYER (Korschenbroich) meint: „Das Wort ‚Fighten' bei Sportveranstaltungen scheint das deutsche ‚Kämpfen' ersetzt zu haben. Ich finde allerdings, dass das letztere leichter von den Lippen geht."

JOHANNES DRIESSEN (Wachtendonk) macht sich wie andere Leser für den „E-Brief'" (statt „E-Mail") stark. Andere Leser stimmen für „E-Post".

JUTTA HINZE (per elektronischer Post) begegnete in einem Supermarkt einer „Relax-Hose" und fragt sich jetzt, ob jemand wirklich eine „Erschlaffungs- oder Entspannungshose" kaufen wolle.

KLAUS-HELMUT MÜTTER (Düsseldorf) klagt in seiner Zuschrift: „Ich bin in einem international tätigen Unternehmen beschäftigt, und die Unsitte, möglichst viele Anglizismen zu verwenden, greift immer mehr um sich und führt bei mir und vielen Kollegen zu inneren Abwehrreaktionen. Es gibt keine ‚Personalabteilung' mehr, nur noch ‚Human Ressources'; nicht ‚Sicherheit', sondern ‚Safety' steht an erster Stelle, das Gehalt kommt von der ‚Pay roll', unsere Produkte liefert nicht mehr die ‚Forschung', sondern ‚Research'; ‚Development' sorgt für deren Entwicklung, damit die ‚Customer Needs' (Kundenwünsche) befriedigt werden. [...]

KLAUS FRAUENRATH (Erkelenz) mag die Formulierung „Er hat einen guten Job gemacht" nicht. Er findet „Er hat gut gearbeitet" oder „Er hat seine Aufgabe gut erfüllt" weitaus angemessener.

GÜNTER DÖRNENBURG (Düsseldorf) schlägt unter anderem den „Feierabend" statt „after work party" vor.

RUPRECHT ZIEGLER (per elektronischer Post): „Am meisten ärgert und erheitert mich der immer wieder zu hörende und zu lesende Begriff ‚body bag', der köstlicherweise als Synonym für ‚Rucksack' Verwendung findet. Wenn man ‚body bag' in ‚ebay.de' eingibt, erhält man Angebote für allerlei modische Rucksäcke. Im Englischen hat ‚body bag' aber nur eine Bedeutung, nämlich ‚Leichensack' (siehe Wörterbuch). Sucht man im Englischen nach einem Begriff, der das wiedergeben soll, was die Freunde der Anglizismen hier in Deutschland mit ‚body bag' meinen, so verwenden die Engländer und Amerikaner ein Fremdwort, nämlich ‚rucksack'.

HEINZ VAN DE LINDE (Loch) wünscht für „Carport" lieber einen „Autoschuppen".

TANJA KRETSCHMER (per elektronischer Post): „Auch mir fallen immer häufiger ‚alltägliche' Anglizismen auf, über die ich mich aufrege. Warum wird man ständig gefragt, ob man schon ‚gevotet' habe? Warum darf ich nicht einfach ‚wählen'? Des Weiteren: Lieber ‚umschalten' als ‚switchen', lieber ‚schicken' als ‚mailen', lieber ‚entspannen' als ‚chillen'." [...]

Arbeitsanregungen

1. Schreiben Sie für Ihre Präsentation selbst eine Reihe solcher kurzer Stellungnahmen.
2. Präsentieren Sie dieselbe Frage den Besucherinnen und Besuchern Ihrer Präsentation: Installieren Sie einen (elektronischen) Briefkasten, in den diese ihre Beobachtungen und Anregungen (mailen oder) einwerfen können.

Mangelerscheinungen

von Max Fellmann

Der Duden hat 1216 Seiten – aber das reicht vorne und hinten nicht. Dem Deutschen fehlen eindeutig ein paar Wörter.

In allen Sprachen der Welt gibt es unübersetzbare Wörter, aber ab und zu gibt es welche, die sind noch unübersetzbarer, ja, die allerunübersetzbarsten: Vor ein paar Jahren trafen sich Linguisten zu einem Kongress in England und erstellten eine Hitliste von Begriffen – auf Platz eins: „Ilunga" aus der Tschiluba-Sprache, die im Kongo gesprochen wird. Das Wort bezeichnet einen Mann, der bereit ist, eine Beleidigung oder einen Angriff einmal hinzunehmen, der auch bereit ist, ihn ein zweites Mal hinzunehmen, der aber auf keinen Fall bereit ist, ihn ein drittes Mal hinzunehmen, sondern dann zur Verteidigung übergeht. Bis vor ein paar Monaten hätte man „Ilunga" vielleicht noch mit „Kurt Beck[1]" übersetzen können, ansonsten aber muss man sich mit langwierigen Umschreibungen behelfen.

Der deutschen Sprache fehlen jede Menge Wörter. Da wir gerade halbwegs bei der Politik sind: Wie nennt man dieses versucht joviale, aber dann doch so streberhafte Gehabe, mit dem Guido Westerwelle reagiert, wenn ihm recht gegeben wird? Guideln? Rumguideln? Er hat mal wieder rumgeguidelt?

Und warum gibt es keinen präzisen Ausdruck für den Gesichtsausdruck, mit dem Angela Merkel zeigt, dass ihr gerade etwas ganz und gar nicht passt? Warum müssen erst britische Zeitungen draufkommen, dass das „to merkel" heißen muss?

Der Dichter Jean Paul meinte, Deutsch sei „die Orgel unter den Sprachen". Aber der fehlen ein paar Tasten, auch und erst recht im Alltag: Wie nennt man zum Beispiel dieses Geräusch, das alte Kaffeemaschinen machen, nachdem der Kaffee längst durchgelaufen ist, dieses Röcheln/Knacken/Scheppern/Blubbern?

Oder die hilflose Bewegung, mit der man sich beim Aussteigen aus einem Auto rausund hochwuchtet, dessen Sitze viel zu tief sind? Und, apropos Auto, wie soll man diese ganz besondere Form der Nervosität nennen, die sich einstellt, wenn man aus größerer Entfernung auf eine grüne Ampel zufährt und ständig damit rechnet, sie könnte genau dann auf Rot schalten, wenn man nicht mehr bremsen kann?

Und von den Klassikern haben wir jetzt noch nicht mal geredet: Seit Ewigkeiten wird diskutiert, was man ist, wenn man nichts mehr trinken will (nicht satt, sondern ...?). Oder die alte Frage des Autors Max Goldt, was eigentlich ein Handtuch macht, das zu Boden fällt, man könne das ja nicht Aufprall nennen – was aber dann?

Es fehlt an allen Ecken und Enden. Friedrich Nietzsche mahnte vor langer Zeit: Nehmt Eure Sprache ernst. Und genau deshalb wollen wir Ihnen, liebe Leser, ein Angebot machen. Wir haben hier in der Redaktion noch ein paar unbenutzte Begriffe rumliegen. Falls Ihnen also gerade die Worte fehlen – bitte bedienen Sie sich: Flonk. Bruddeln. Prack. Schnölz. Frehmig. Wamm. Nichts zu danken.

---

1 **Kurt Beck:** langjähriger Ministerpräsident von Rheinland-Pfalz und von 2006 bis 2008 Vorsitzender der SPD

Süddeutsche Zeitung Magazin, 24.7.2009

Arbeitsanregungen

1. a) Ordnen Sie Wörtern wie „to merkel" oder „rumguideln" passende Fotos zu: Recherchieren Sie im Internet.
   b) Wählen Sie für Ihre Präsentation beliebige Fotos aus und fügen Sie Sprechblasen wie „Wamm!" oder „Flonk" hinzu, um bestimmte Handlungen, Stimmungen etc. zu kennzeichnen.
2. Der Text setzt sich satirisch auch mit Politikerinnen und Politikern auseinander. Entwickeln Sie für Politikerinnen oder Politiker Ihrer Wahl ähnlich funktionierende Begriffe.

Pabblick Wjuing

Meine Mutter war bei ihrem Schottland-Urlaub irritiert, dass die Kellnerin ihre Bestellung einer „Cola light" einfach nicht verstand. Englischer geht's doch nicht, oder? Bloß: Im englischen Sprachraum heißt die kalorienfreie Cola „diet coke", also Diät-Cola. So ist's halt, wenn wir cool und hip und in sein wollen, mit dem Handy am Ohr (engl: mobile phone) und dem Bodybag auf dem Rücken (der Brite spricht tausendmal lieber vom „rucksack", weil der Bodybag für ihn nichts anderes ist als ein Leichensack.) So ist's jetzt, mit dem öffentlichen, gemeinsamen Fußballgucken unter freiem Himmel.

„Public viewing" heißt das ja nun, und wäre dieser schöne Begriff schon so rechtzeitig geprägt worden, dass er Eingang in unser zweisprachiges Standardwerk, den EVAG[1]-Sprachführer, gefunden hätte, so stünde da gewiss lautmalerisch „pabblick wjuing", damit wir schön englisch aussprechen, was sich die Ihwänt-Mänätscher Tolles haben einfallen lassen.

Gut, dass wir jetzt englische Fans in der Stadt haben, die natürlich gern zum „pabblick wjuing" kommen. Der Engländer nennt es allerdings ein bisschen anders. Er spricht vom „fan fest". Als ob das hierzulande jemand verstünde!

Neue Ruhr-/Neue Rhein-Zeitung
(Lokalteil Essen) 30. 6. 2006

1 **EVAG:** Essener Verkehrs-AG

Arbeitsanregungen

1. Die Überschrift dieses Zeitungsartikels verwendet in karikierender Weise die Lautschrift, um ein englisches Wort einzudeutschen. Schreiben Sie selbst kurze Glossen zu anderen gängigen Anglizismen.
2. Stellen Sie Fotomaterial zusammen, zu dem die karikierenden Lautschriftversionen als Bildunterschriften passen.

Textquellenverzeichnis

Androutsopoulos, Jannis: ... und jetzt chillen: Jugend- und Szenesprachen als lexikalische Erneuerungsquellen des Standards, S. 25. In: Ludwig M. Eichinger und Werner Kallmeyer (Hg.): Standardvariation. Wie viel Variation verträgt die deutsche Sprache? De Gruyter, Berlin, 2005, S. 171 f.

Bernard, Andreas/Haberl, Tobias: Aus Liebe zum Wort, S. 8 ff. In: Süddeutsche Zeitung Magazin, 24.7.2009, S. 9–11

Bernard, Andreas: Das Prinzip Deutsch, S. 69 f.. In: Süddeutsche Zeitung Magazin, 24.7.2009, S. 6

Brecht, Bertolt: Der Radwechsel, S. 22, aus: Ders., Große kommentierte Berliner und Frankfurter Ausgabe, Bd. 12: Gedichte 2. Suhrkamp, Frankfurt am Main, 1989

Brenner, Gerd: Theatralisierung und Selbstinszenierung. Eine Medienkritik, S. 54 f., aus: Ders., Jugend und Medien. In: deutsche jugend, 3/2010, S. 103–112

Diekmannshenke, Hajo: Chatkommunikation: Tippen, wie der Schnabel gewachsen ist?, S. 42, aus: Ders., * lol *. Gutes Deutsch in Neuen Medien. In: Dudenredaktion/Gesellschaft f. dt. Sprache (Hg.): Was ist gutes Deutsch? Dudenverlag, Mannheim, 2007, S. 220–221

Eckenga, Fritz: sms an alle, S. 91, aus: Ders., Fremdenverkehr mit Einheimischen: Rettungsreime. Mit Zeichnungen von Ernst Kahl. Kunstmann Verlag, München, 2010

Fellmann, Max: Plopp, blubb, sprozz ..., S. 7, aus: Ders., Mangelerscheinungen. In: Süddeutsche Zeitung Magazin, 24.7.2009, S. 11
Mangelerscheinungen (2009), S. 94. In: Süddeutsche Zeitung Magazin, 24.7.2009

Fritz, Gerd: sehr schön, schrecklich lustig – die Entwicklung von Intensivierern, S. 63, aus: Dies., Historische Semantik. 2. Aufl. Metzler, Stuttgart, 2006, S. 144

Glück, Helmut/Sauer, Wolfgang Werner: Gegenwartsdeutsch, S. 15, aus: Dies., a.a.O., J.B. Metzler, Stuttgart, 1997

Goertz, Wolfram: Chillen Kids cooler in Relax-Hosen?, S. 93. In: Rheinische Post, 4.2.2008

Greiner, Ulrich: Ist Deutsch noch zu retten?, S. 84 ff. In: DIE ZEIT Nr. 27, 1.7.2010
Das Streiflicht, S. 92. In: Süddeutsche Zeitung, 12.11.2004

Haberkamm, Helmut: Neia Reifn drauf, S. 22, aus: Ders., Frankn lichd nedd am Meer. Gedichte. ars vivendi, Cadolzburg, 1992

Hacke, Axel: Wortstoffhof (Vorwort, 2008), S. 5; „Dialoge", S. 6; „Schluckrohr", S. 7, aus: Ders., Wortstoffhof. Kunstmann, München, 2008

Hahn, Ulla: Aufbruch, S. 22, aus: Dies., a.a.O., DVA, München, 2009, S. 31 f.

Janich, Nina: Jugendsprache und Werbesprache, S. 26; Merkmale der Werbesprache, S. 31 f., aus: Dies., Werbesprache. Narr Studienbücher, Tübingen, 2010, S. 224–226, S. 45 f.

Kehlmann, Daniel: Internetblogger, S. 79 f., aus: Ders., Ruhm. Rowohlt, Reinbek bei Hamburg, 2009, S. 133–136

Keller, Rudi: Das Wirken der unsichtbaren Hand – Sprache als Phänomen der dritten Art, S. 58 f., aus: Ders., Sprachwandel. 2. Aufl. Francke, Tübingen/Basel, 1994, S. 87, 89–90

Kloeppel, Carol: Dear Germany, S. 12. In: Haus der Geschichte der BRD (Hg.): man spricht deutsch (Ausstellung). Museumsmagazin. Bonn 2008, S. 30 f.

Krischke, Wolfgang: Fernseh-Talkshows – Die Veränderung grammatischer Regeln, S. 43 f., aus: Ders., Ich geh Schule. In: DIE ZEIT, 29.6.2006. http://www.zeit.de/2006/27/C-Kiezdeutsch

Löffler, Heinrich: Soziolinguistische Aspekte der Wissenschafts- und Fachsprachen, S. 27 f.; Merkmale der gesprochenen und geschriebenen Sprache, S. 41, aus: Ders., Germanistische Soziolinguistik. Erich Schmidt Verlag, Berlin, 2010, S. 106 f., S. 85 f. und 92

Luchtenberg, Sigrid: Zum Umgang mit Mehrsprachigkeit – Die Rolle der Medien, S. 36 f., aus: Dies., Zum Umgang mit Migrations-Mehrsprachigkeit. In: Informationen zur Deutschdidaktik 2/2008, S. 29–37, hier S. 32 f.

Müller, Burkhard: Nichts für Zugereiste – Perspektiven der deutschen Dialekte, S. 20. In: Süddeutsche Zeitung, 13./14.11.2010, S. 18

Neuland, Eva/Volmert, Johannes: Sprechen Jugendliche eine andere Sprache?, S. 24. In: Der Deutschunterricht 5/2009, S. 53–61

Nützel, Nikolaus: Neuen Wörtern auf der Spur, S. 57; Gegen Französisch, Englisch und überhaupt alles Fremde, S. 64 f., aus: Ders., Sprache oder Was den Mensch zum Menschen macht. cbj, München, 2007, S. 85 f., S. 75–79

Pape, Mirja: Unverständliche Werbeslogans, S. 33, aus: Spiegel online, http://www.spiegel.de/wirtschaft/unternehmen/0,1518,655050,00.html, 16.10.2009

Roelcke, Thorsten: Juristische Formulierungshilfe, S. 29, aus: Ders., Fachsprachen. Erich Schmidt Verlag, Berlin, 2010, S. 217 (dort aus: Forschung & Lehre 15/2008, S. 68)

Schneider, Wolf: Viel Gegackere, wenig Eier, S. 51 f., aus: Ders., Gewönne doch der Konjunktiv! Rowohlt, Reinbek, 2009, S. 188–190

Schreiber, Hermann: „Unsere große Hure Duden", S. 72. In: Hamburger Abendblatt, 27.3.2010

Sick, Bastian: Verwirrender Vonitiv: Presse-Schlagzeilen mit Hintersinn, S. 49 f.; Deutsch strikes back, S. 88 f., aus: Ders., Der Dativ ist dem Genitiv sein Tod. Noch mehr Neues aus dem Irrgarten der deutschen Sprache. Folge 3. Kiepenheuer & Witsch, Köln, 2006, S. 132–134

Sick, Bastian: Cäsars Kampf gegen die starken Verbier, S. 73 f., aus: Spiegel online, http://www.spiegel.de/kultur/zwiebelfisch/0,1518,298362,00.html, 5.5.2004

Soboczynski, Adam: Das Netz als Feind, S. 53. In: DIE ZEIT Nr. 22, 20.5.2009 http://www.zeit.de/2009/22/Der-Intellektuelle

Stedje, Astrid: Arten des Bedeutungswandels, S. 61 f., aus: Dies., Deutsche Sprache gestern und heute. 6. Aufl. Fink, Paderborn, 2007, S. 34–36

Steinfeld, Thomas: Internet – Die Revolution des Schreibens, S. 45. In: Süddeutsche Zeitung, 29/30.8.2009

Steinfeld, Thomas: Prinzipien der Sprachentwicklung (nach Guy Deutscher), S. 60; Das bessere Deutsch, S. 71, aus: Ders., Der Sprachverführer. Die deutsche Sprache: was sie ist, was sie kann. Hanser, München, 2010, S. 241–243, S. 243 f.

Thalmayr, Andreas: Handy-Talk – Von der gesprochenen zur geschriebenen Sprache, S. 38 f., aus: Ders., Heraus mit der Sprache. Ein bisschen Deutsch für Deutsche, Österreicher, Schweizer und andere Aus- und Inländer. Deutscher Taschenbuch Verlag, München und Wien, 2005, S. 25–27

Topalovic, Elvira/Elspaß, Stephan: Ein linguistischer Wegweiser durch die Zwiebelfisch-Kolumnen, S. 74 f., aus: Markus Denkler, Susanne Günthner, Wolfgang Imo (Hg.): Frischwärts und unkaputtbar. Sprachverfall oder Sprachwandel im Deutschen. Aschendorff Verlag, Münster, 2008, S. 41–44

Trabant, Jürgen: Die Sprachflüchter. Wie man sich vom Deutschen trennt, S. 81 f. In: Süddeutsche Zeitung, 15.12.2009

Twain, Mark: Die schreckliche deutsche Sprache, S. 12, aus: Ders., Bummel durch Europa. Übersetzt von Ana Maria Brock. Anaconda, Köln, 2009

Varwig, Cornelia: Evolution der Sprache, S. 58. In: Bild der Wissenschaft, Ausgabe 2/2010, S. 64 http://www.bild-der-wissenschaft.de/bdw/bdwlive/heftarchiv/index2.php?object_id=32158064

von Davies, Winifred: Die Standardvarietät, S. 17. In: Der Deutschunterricht 3/2007, S. 53 f.

Widmer, Urs: Top Dogs, S. 78, aus: Ders., a.a.O. Verlag der Autoren, Frankfurt/M., 2009, S. 24–26

Wise Guys: Denglisch, S. 76. Songtext von Daniel Dickopf/WISE GUYS, www.wiseguys.de

Zimmer, Dieter E.: Internet-Geplapper – Was ist gutes Deutsch?, S. 47 f. In: Dudenredaktion/Gesellschaft f. dt. Sprache (Hg.): Was ist gutes Deutsch? Dudenverlag, Mannheim, 2007, S. 381–392 (hier: S. 385–389)

Unbekannte/ungenannte Autorinnen und Autoren:

Alle zwei Wochen stirbt eine Sprache aus, S. 6. In: Rheinische Post, 19.2.2010

Der Cournotsche Punkt ..., S. 27. In: Rolf Schöwe, Jost Knapp, Rudolf Borgmann (Hg.): Mathematik zur Fachhochschulreife. Cornelsen, Berlin, 2007, S. 307

Der VPL-VW90ES ..., S. 27. In: Frankfurter Allgemeine Sonntagszeitung Nr. 35, 5.9.2010, S. V10

Deutschlandkarte: Städtenamen im Dialekt, S. 18 f. In: Die Zeit Nr. 17, 16.4.2009

Die Abfallberatung der XY GmbH ..., S. 30, aus: http://www.moderne-amtssprache.de/186.html, 13.02.2011

Die Klassenbesten überzeugen ..., S. 16, aus: Briefwerbung für den VW, Passat, Nov. 2010

Dissen, muddeln oder lieber hartzen?, S. 23, aus: http://www.welt.de/kultur/literarischewelt/article10474439/Von-Assistickern-Arschfaxen-und-Wanderfritteusen.html, 2.11.2010